Julian Heppt

Getrennt von der Dualseele

Julian Heppt

Getrennt von der Dualseele

Wie du zu dir selbst findest und den
passenden Partner (zurück) in dein Leben ziehst

mvgverlag

Bibliografische Information der Deutschen Nationalbibliothek
Die Deutsche Nationalbibliothek verzeichnet diese Publikation in der
Deutschen Nationalbibliografie.
Detaillierte bibliografische Daten sind im Internet über
http://d-nb.de abrufbar.

Für Fragen und Anregungen
info@m-vg.de

Originalausgabe
3. Auflage 2024
© 2020 by mvg Verlag, ein Imprint der Münchner Verlagsgruppe GmbH
Türkenstraße 89
80799 München
Tel.: 089 651285-0

Alle Rechte, insbesondere das Recht der Vervielfältigung und Verbreitung sowie der Übersetzung, vorbehalten. Kein Teil des Werkes darf in irgendeiner Form (durch Fotokopie, Mikrofilm oder ein anderes Verfahren) ohne schrift-liche Genehmigung des Verlages reproduziert oder unter Verwendung elektro-nischer Systeme gespeichert, verarbeitet, vervielfältigt oder verbreitet werden. Wir behalten uns die Nutzung unserer Inhalte für Text und Data Mining im Sinne von § 44b UrhG ausdrücklich vor.

Redaktion: Ralf Lay
Umschlaggestaltung: Manuela Amode
Umschlagabbildung: shutterstock.com/Nadia Grapes, TairA
Satz: abavo GmbH
Druck: CPI books GmbH, Leck
Printed in Germany

ISBN Print 978-3-7474-0112-5
ISBN E-Book (PDF) 978-3-96121-463-1
ISBN E-Book (EPUB, Mobi) 978-3-96121-464-8

Weitere Informationen zum Verlag finden Sie unter
www.mvg-verlag.de
Beachten Sie auch unsere weiteren Verlage unter www.m-vg.de

Inhalt

Vorwort 9

Mein Dualseelen-Weg 11
Die magische Begegnung mit meiner Dualseele 13
Der Prozess beginnt 14
Vom Schicksal zur Berufung 17
Kein Happy End? 18

Willkommen auf deinem Dualseelen-Weg! 21

Was sind Dualseelen? 27
Wo kommen wir her, wo gehen wir hin? 28
Das Wichtigste, was du über Dualseelen wissen musst . . 32
Die vier Phasen einer Beziehung 33

**Die Reise beginnt:
den Teufelskreis durchbrechen** 37

INHALT

Die vier goldenen Schlüssel auf dem Dualseelen-Weg 45
Der erste Schlüssel: Seelenwunden überwinden 46
Der zweite Schlüssel: Vision, Ziel und Umsetzung 56
Der dritte Schlüssel: Fülle 74
Der vierte Schlüssel: Yin-Yang-Balance 79
Die vier Schlüssel und das Baummodell............. 82

Dein Weg der Bewusstwerdung 87
Typische Stolpersteine auf dem Dualseelen-Weg 89
Grenzen setzen 103
Andere Partner auf dem Dualseelen-Weg............ 109
Wenn du noch verheiratet oder vergeben bist 111
Träume, Telepathie und Zahlen.................. 113
Das Gesetz der Dankbarkeit 118
Ungeahnte Spiegel auf dem Dualseelen-Weg 120
Der Dualseelen-Weg aus Sicht
des Verstandesmenschen 129
Elternthemen.................. 138
Das Mindset eines Meisters.................. 146
Warum jetzt die beste Zeit ist, deinen Weg zu gehen ... 156
Dualseelen und Glaubenssätze.................. 159

Dualseelen-Geschichten aus dem wahren Leben 171
Helens Geschichte.................. 172
Katharinas Geschichte.................. 176

Veronikas Geschichte 185
Marcus' und Idas Geschichte.................... 190
Michaels Geschichte 194
Die Ho'oponopono-Transformationstechnik......... 200
Häufige Gefühle und Glaubenssätze 205

Der Rhythmus deiner Entwicklung........... 211

Dein neues Leben......................... 215

Dank.. 217
Quellen....................................... 218
Kontakt: einen Gang höher schalten 219

Vorwort

Ohne die Liebe ist alles nichts. Durch alle Zeiten hinweg war es schon immer die Liebe, die unserem Leben einen tieferen Sinn verlieh. Wenn man Menschen fragt, was ihr größter Wunsch im Leben ist, so wird die klare Antwort der meisten lauten: »Eine wundervolle Beziehung führen.« Und: »Eine Familie gründen.« Eins der stärksten Grundbedürfnisse des Menschen ist es, Liebe zu schenken und zu erfahren. Ignoriert man dieses Grundbedürfnis, so fühlt sich das Leben schnell sinnlos an. Leider leben wir in einer Welt, in der die Liebe allzu oft zu kurz kommt. Die moderne Gesellschaft lässt viele Menschen im Alltag die Liebe vergessen: die Liebe zu sich selbst, die Liebe zum Partner und die Liebe zu den Mitmenschen. Zu sehr sind wir meist beschäftigt, unser Leben in unserer Leistungs- und Konsumgesellschaft auf die Reihe zu bekommen. Viele können nicht einmal genug Zeit mit den eigenen geliebten Kindern verbringen, weil sie die Existenz sichern müssen. Auch die eigene Partnerschaft wird im Trubel des Alltags schnell zur Nebensache.

Das Dualseelen-Phänomen, das in letzter Zeit immer bekannter wird, wirkt dieser Entwicklung entgegen. Zwei Menschen erleben eine schicksalshafte Begegnung, die schlagartig und unkontrollierbar tiefe Liebe aktiviert. Die Betroffenen verstehen erst einmal die Welt nicht mehr, wenn ihnen ein Mensch, den sie gar nicht wirklich kennen, auf einmal alles bedeutet. Eine unaufhaltsame Reise beginnt, die die Beteiligten an die Qualität von wahrer Liebe erinnert, die in unserer Zeit vielerorts fehlt. In diesem Buch wirst du genau erfahren, was Dualseelen sind und wie man mit diesem äußerst herausfordernden Weg umgeht, um ihn schließlich zu meistern.

Viel Freude dabei,
Dein Julian

Mein Dualseelen-Weg

Wenn mich Menschen fragen, wie mein eigener Weg verlief, so beginne ich immer mitten im Jahr 2012. Ich wohnte damals in Hamburg, und im Rahmen meiner Ausbildung zum Therapeuten und Coach ging es sehr häufig um Selbsterfahrung. Wie aus dem Nichts kamen bei mir mit einem Mal all meine verdrängten Themen aus der Kindheit hoch. Das passierte in dermaßen schnellem Tempo, dass ich gar nicht damit umgehen konnte und mit Vollgas in der Depression landete. Ich war am Ende! Überlebensmodus! Panikattacken bestimmten meinen Alltag, die sich auch körperlich äußerten, sodass ich mich jeden einzelnen Morgen auf nüchternen Magen übergeben musste. Meine erste große Lebenskrise hatte mich voll im Griff! Der Tag kam, an dem ich schlichtweg nicht mehr alltagsfähig war und mich in eine psychosomatische Klinik für junge Erwachsene einweisen ließ.

So schlecht es mir damals auch ging, gab es da aber dennoch diese innere Stimme, die mir ganz deutlich sagte, dass diese Krise der Beginn meines Erwachens war. Intuitiv wusste ich genau, dass ich mich durch diese Zeit durchkämpfen musste, um frei zu werden von all den Blockaden, die ich mein Leben lang mit mir herumschleppte. Immerhin war ich damals schon Mitte zwanzig; und während meine Freunde bereits erfolgreich einem Beruf nachgingen, irrte ich noch planlos umher und fühlte mich nicht handlungsfähig.

Es war die erste Nacht in dieser Klinik, als ich mit meiner Situation Frieden schloss und begann, mich einfach hinzugeben. Und siehe da, wie durch Zauberhand änderten sich die Dinge plötzlich. Auf einmal hatte ich diese innere Stimme in mir, die immer deutlicher spürbar wurde und die ich heute als die Stimme meiner Seele deuten würde.

Bereits einen Abend später merkte ich es. Mein Zimmernachbar und ich führten ein tiefgründiges Gespräch, in dem er beiläufig den Bodensee erwähnte. *Boom!* Als er dieses Wort aussprach, durchzog meinen ganzen Körper ein tiefes »Bauchgefühl«, ähnlich wie beim Verliebtsein. Was war das? Als ich später im Bett lag, konnte ich die ganze Zeit nur an den Bodensee denken, obwohl ich bis dahin noch nie da gewesen war.

Voller Aufregung zückte ich mein Handy und suchte den Ort auf der Google-Bildersuche. Das erste Foto, das ich sah, war die berühmte Lindauer Hafeneinfahrt, und wieder – *boom!* – elektrisierte es meinen ganzen Körper. Meine innere Stimme meldete sich so stark zu Wort, dass ich sie einfach nicht ignorieren konnte! Mit einem Mal war alles anders. Dieses Bild wurde zu meinem Kraftbild; und immer, wenn ich es ansah, gab es mir die Motivation, weiterzumachen und nicht aufzugeben.

Nach einiger Zeit fasste ich den Entschluss, diesen Ort zu besuchen. Der Tag kam, und ich fand mich im magischen Lindau am Bodensee wieder. Es fällt mir heute noch schwer, zu beschreiben, wie besonders es für mich war, diesen Ort zum ersten Mal zu erleben. Eins ist jedoch sicher: Lindau hatte meine Seele gerufen, und ich bin dem Ruf gefolgt. Ohne viel nachzudenken, fuhr ich zurück nach Hamburg, packte mein Leben in zwei Koffer und zog einfach an den Bodensee. Ohne jemanden dort zu kennen, ohne Job und ohne viele Reserven. Verrückt? Ja, definitiv. Aber wenn auch du mal eine Lebenskrise durchgemacht hast, dann weißt du: Ab einem gewissen Zeitpunkt denkt man über solche Bedenken gar nicht mehr nach. Ich dachte mir: »Viel schlimmer als die Zeit davor kann es jetzt auch nicht mehr werden.« Und so riskierte ich es.

Völlig begeistert über meine mutige Entscheidung, setzte ich mir das Ziel, hier am Bodensee nun erst mal mein Leben langsam aufzubauen. Doch das Schicksal hatte zunächst andere Pläne mit mir.

Die magische Begegnung mit meiner Dualseele

Völlig nichtsahnend spazierte ich nach einigen Tagen in Lindau in ein Geschäft hinein und sah am Ende des Raums eine Frau. Herzklopfen. Wieder spürte ich dieses intensive Bauchgefühl, das ich schon aus dem Klinikaufenthalt kannte. Plötzlich stand sie direkt vor mir, und ich zitterte am ganzen Körper.

Als sich unsere Augen trafen, blieb die Zeit stehen, und alles außen herum verschwamm. Magische Anziehung und tiefe Vertrautheit machten sich breit. Nie hatte ich so etwas für möglich gehalten, geschweige denn erlebt. Auf irgendeine seltsame Art hatte ich bei ihr das Gefühl, mir selbst gegenüberzustehen und in einen Spiegel zu blicken. Hätte ich nur damals schon gewusst, wie richtig ich mit diesem Gefühl doch lag.

Schnell wurde klar, dass es ihr genauso erging, sodass wir schon am selben Abend ein Paar wurden. Wir konnten überhaupt nicht anders. Ich vermochte mein Glück kaum zu fassen! Von jetzt auf gleich waren wir unzertrennlich, und ich war mir sicher, dass sie die Frau meines Lebens war.

Der Prozess beginnt

Während ich zu Beginn noch fest davon überzeugt war, im Paradies angelangt zu sein, bekam diese Vorstellung schon nach einigen Wochen die ersten Risse. Schnell bemerkte ich, dass es nicht nur die schönen Zeiten in sich hatten, sondern auch immer, wenn es zu kleinen Auseinandersetzungen kam, schaukelten wir uns unglaublich schnell hoch, und im Gegensatz zu sonst war ich extrem schnell verletzt. Während meine eigenen Schutzmechanismen früher noch perfekt funktioniert hatten und ich mir bei Streitereien mit einer Partnerin einfach dachte »Wenn sie das macht, dann kann sie mich mal ...«, klappte das mit dieser Frau leider überhaupt nicht. Jede Kleinigkeit verletzte mich zutiefst und zwang mich in die Knie.

Schon bald ließ sich eine gewisse Dynamik feststellen. Sie ging immer mehr auf Distanz, war emotional immer weniger greifbar und spielte unsere Verbindung herunter. Ich hingegen war auf einmal mit Ängsten konfrontiert, die ich in dieser Form überhaupt nicht von mir kannte. Die größte Angst von allen: sie für immer zu verlieren.

Immer mehr geriet die Beziehung aus der Balance. Total meinen Ängsten ausgeliefert, wurde ich zum Spielball. Völlig ohnmächtig fand ich mich in einem Teufelskreis aus Anziehen und Wegstoßen wieder. Egal, wie sehr ich versuchte, sie von der Liebe zu überzeugen, es prallte nur noch stärker an ihr ab. Tag für Tag verlor ich mehr Kraft. Mehrere Monate befand ich mich in diesem Zustand, bis ich schließlich eine Art Gebet zum Universum sprach: »Bitte macht, dass es aufhört, ich kann diesen Zustand nicht mehr ertragen.«

Und wie so oft lieferte das Universum zuverlässig. Denn schon am nächsten Tag erfuhr ich, dass in unserer Konstellation schon längst andere Männer im Spiel waren. Obwohl es mir das Herz zerriss, gab es mir den entscheidenden Anstoß, endlich die längst überfällige Grenze zu ziehen und es zu beenden. Irgendwo in der letzten Ecke war wohl doch noch ein Stück Selbstwert, der sich zum Glück zu Wort meldete.

Doch jetzt ging das Ganze erst richtig los! Die ersten Tage und Wochen nach der Trennung waren für mich die reinste Hölle. Meine Lebenskrise von Hamburg war ein Witz dagegen. Tiefe, allumfassende Seelenschmerzen plagten mich. In den schlimmsten Tagen konnte ich mich gerade so dazu durchringen, zweimal am Tag zum Essen aufzustehen. Die verbleibende Zeit verbrachte ich trauernd und völlig ausgelaugt im Bett.

Da es das letzte Mal schon geklappt hatte mit dem Universum, richtete ich erneut eine Bitte nach oben: »Bitte zeigt mir eine Lösung.« Und prompt wurde wieder geliefert. Einen Tag später machte mich meine Schwester auf ein Buch aufmerksam, passenderweise über Dualseelen. Bis zu diesem Zeitpunkt hatte ich noch nie etwas von diesem Begriff gehört, war jedoch gleich davon angetan. Innerhalb einer Nacht las ich das ganze Buch durch, und mit jeder Seite schien mein Mund mehr und mehr aufzugehen, da ich mich endlich verstanden fühlte. Meine Familie, mein Freundeskreis, ja nicht einmal ich selbst hatte verstehen können, was ich damals erlebte, und es war für mich unglaublich wertvoll, das, was mir da passierte, endlich einordnen zu können.

Am prägendsten war für mich jedoch eine ganz bestimmte Passage des Buchs. In ihr war davon die Rede, dass Dualseelen einander ganz deutliche Spiegel sind und sie sich gegenseitig alte Wunden aufzeigen, damit sie sie überwinden können.

Genau diese Information hatte ich gebraucht! Diese Worte sollten alles verändern. Auf einmal machte alles Sinn für mich, und ich spürte, wie ein Strom von Energie meinen ganzen Körper durchflutete. Mein Kampfgeist war geweckt. Statt weiterhin lethargisch im Leid zu verharren, begann ich fortan, diesen Weg als Trainingslager zu sehen. Tag für Tag stellte ich mir die Frage: »Okay, was macht es heute mit mir, dass meine Dualseele mich verlassen hat?« Trauer, Angst, Verzweiflung … Ich überwand, was in mir hochkam, und ging weiter. Entdecken, transformieren, weitergehen. Immer wieder.

Nach einem halben Jahr blickte ich zurück, voller Erstaunen, wie weit ich bereits gekommen war. Der Gedanke, sie vielleicht für immer verloren zu haben, brachte mich innerlich nicht mehr um. Stattdessen machte sich ein Gefühl von tiefem Vertrauen breit. Mittlerweile war sie nicht mehr 24 Stunden am Tag in meinem Kopf, und auch mein Energieniveau stieg deutlich an. Auf einmal konnte ich die Situation akzeptieren, wie sie war, und nach vorn blicken. Denn die nächste Herausforderung wartete schon.

Vom Schicksal zur Berufung

Es ging mir immer besser, denn wie aus dem Nichts hatte ich begonnen, eine enorme Faszination für das Thema »Dualseelen« zu entwickeln. Es war für mich unglaublich faszinierend, zu sehen, wie diese eine Frau mein ganzes Leben verändert hatte. Nicht nur, dass sie mir all meine alten Verletzungen im Handumdrehen bewusst machte, durch sie habe ich auch gemerkt, dass ich beruflich noch überhaupt nicht mein Potenzial lebte und mich eigentlich mein Leben lang vor mir selbst versteckt hatte. Zudem stellte ich fest, dass viele Menschen so eine besondere Begegnung hatten und einige von ihnen bereits mehrere Jahre darunter litten.

Immer lauter wurde meine innere Stimme, die mir mitteilte, dass ich genau das machen sollte: Dualseelen auf ihrem Weg helfen! Und da war sie endlich, meine erste große Vision im Leben. Zum ersten Mal spürte ich bei dem Gedanken, eine Idee umzusetzen, ein Feuer der Begeisterung. Unaufhaltsam wuchs diese Vision, sodass ich begann, Dinge zu tun, vor denen ich immer Angst gehabt hatte. Da war vor allem die

Angst, abgelehnt zu werden: Ich startete eine Website über Dualseelen und zeigte mich offen, obwohl all meine Freunde nicht mal im Ansatz verstanden, was ich da tat. Und die Angst, vor Menschen zu sprechen: Ich setzte mein erstes Seminar an.

Immer mehr verließ ich meine Komfortzone, denn ich wollte so vielen Menschen wie möglich auf diesem herausfordernden Weg helfen. Heute, vier Jahre später, habe ich über tausend Klienten in elf Ländern betreut, über vierzig Seminare und unzählige Onlineseminare gehalten. Nach wie vor treibt mich das Thema »Dualseelen« an, und es freut mich sehr, dass du dieses Buch nun als Essenz meiner Arbeit der letzten Jahre in den Händen hältst.

Mir ist es auch ganz wichtig, dir zu versichern, dass dieses Buch kein theoretisches Wissen enthält, das ich aus verschiedensten Büchern zusammengefasst habe. Es ist das Ergebnis meiner ganz bodenständig gesammelten Erfahrungen. Mitten aus dem Leben! Es ist mir vor allem auch deshalb sehr wichtig, da Dualseelen gern als »überspirituell« dargestellt werden und sich die Menschen regelmäßig darin verlieren. Diese Begegnung hat für mich einfach alles verändert, und diese Verbindung ist weit mehr als eine tiefe Liebe. Sie ist die Landkarte zurück zu deinem wahren Selbst!

Kein Happy End?

Vielleicht fragst du dich jetzt: Was ist denn nun aus seiner Dualseelen-Geschichte geworden? Bei mir war es so, dass, je mehr ich mich auf diesem Weg selbst gefunden hatte, meine

Dualseele desto mehr in den Hintergrund gerutscht ist. Ein großer Knackpunkt auf dem Weg zu mir selbst war, meine Berufung zu leben. Menschen auf diesem Weg zu begleiten war lange Zeit die einzige echte Medizin für den Schmerz, den ich immer noch fühlte. Mehr und mehr fand ich zu mir selbst und fühlte irgendwann einmal nicht mehr das dringende Bedürfnis, um jeden Preis eine Partnerin an meiner Seite zu haben.

Und dann kam der Tag, an dem etwas passierte, was ich mir lange Zeit nicht vorstellen konnte. In mir tauchte die Idee auf, dass es da eventuell doch noch jemand anderen für mich geben könnte. Eines Tages, als ich gar nicht damit rechnete, zog ich tatsächlich eine neue Frau in mein Leben, mit der auf einmal alles ganz einfach war. Da ich die ganzen Jahre zuvor sehr intensiv in den Spiegel geblickt und fleißig transformiert hatte, wurden mir vom Leben endlich die schönen Seiten einer Liebesbeziehung gezeigt. Heute lebe ich noch immer in dieser wundervollen Verbindung, in der man nichts braucht, sich aber alles schenken will, ein wundervolles Gefühl. Das ist meine Dualseelen-Geschichte.

Jede Geschichte ist jedoch einzigartig! In der Zusammenarbeit mit Hunderten Dualseelen über die letzten Jahre habe ich festgestellt, dass ungefähr die Hälfte meiner Klienten teilweise nach Jahren der Trennung wieder mit ihrer Dualseele zusammengekommen sind. Beide hatten dazugelernt, und auf einmal war eine harmonische Beziehung möglich.

Bei den anderen ist es ähnlich wie bei mir abgelaufen. Auch sie konnten sich, obwohl sie es niemals dachten, nach einigen Entwicklungsschritten vorstellen, dass es eventuell jemand anderen für sie geben könnte, und haben einen neuen Partner in ihr Leben gezogen, mit dem sie eine wundervolle Beziehung führen.

Willkommen auf deinem Dualseelen-Weg!

Irgendwie läuft es immer gleich ab: Wenn sich die Blicke das erste Mal treffen, breitet sich ein elektrisierendes Gefühl aus. Es ist eine magische erste Begegnung. Zeit und Raum heben sich so selbstverständlich auf, dass man es kurz mit der Angst zu tun bekommt. Die Situation ist einerseits so surreal und andererseits so vertraut, dass man zwischen »O mein Gott, das ist ja filmreif!« und »Ah, darauf also habe ich die ganze Zeit gewartet!« hin- und herwechselt. Habe ich recht?

Wenn du so etwas erlebt hast, dann ist es sehr wahrscheinlich, dass du eine Begegnung mit deiner Dualseele hattest. Die Anziehung zwischen solchen Menschen ist so unglaublich stark, dass man sich ihr kaum entziehen kann. Fast immer landen Dualseelen innerhalb kürzester Zeit in einer Beziehung oder Affäre. Und mit einem Fingerschnipp ist das Leben ein anderes. Noch nie hattest du ein derart intensives Gefühl der Verbundenheit und der tiefen Liebe, wie du sie zu diesem Menschen empfindest, und hättest es nicht einmal in deinen kühnsten Träumen erahnt. Du kannst dein Glück kaum fassen und schwebst auf Wolke sieben.

Sehr schnell wird dieser Mensch zu deinem Lebensmittelpunkt, und natürlich malst du dir eine wundervolle Zukunft mit ihm aus. Tag und Nacht fühlst du diese elektrisierende, tiefe Liebe, die alles bisher Dagewesene in den Schatten stellt. Die Liebe deines Lebens. Doch dann kommt auf einmal alles anders. Wie ich es schon bei meiner eigenen Geschichte beschrieben habe, dreht sich das Verhalten deines Gegenübers scheinbar aus dem Nichts heraus um 180 Grad. Da, wo bisher Liebe und Offenheit waren und er am liebsten jede Minute mit dir verbringen wollte, haben nun Kälte und Abweisung das Regiment übernommen. Immer mehr zieht er sich zurück, und du scheinst für ihn immer weniger Priorität zu haben. Sprichst du ihn darauf an, so spielt er eure Verbindung plötzlich herunter oder wird sogar unfreundlich. Du verstehst die Welt nicht mehr. Jeder deiner Versuche, ihn an eure einzigartige Verbindung zu erinnern, scheitert und macht die Situation sogar noch schlimmer. Auf emotionaler Ebene scheinst du ihn nicht mehr zu erreichen, und es bringt dich zur Verzweiflung. Wie kann sich ein Mensch, bei dem du dir so sicher warst, dass er dich eigentlich über alles liebt, so verhalten? Deine Reise beginnt ...

Über die Jahre hinweg sprach ich mit Hunderten Menschen, die solch eine Begegnung hatten, und allesamt berichteten sie, dass sie noch nie derartige seelische Schmerzen erlitten hatten wie nach dem Rückzug dieses geliebten Menschen. Verzweiflung, Kraftlosigkeit und vor allem unendlich große Angst dominierten ab diesem Zeitpunkt erst einmal ihren Alltag.

Du weißt wahrscheinlich haargenau, wovon ich spreche. Die Vorstellung, dass das, worauf du dein Leben lang unbewusst gewartet hast, dir jetzt auf einmal wieder genommen wird, ist unerträglich. Tag und Nacht kreisen die Gedanken in deinem Kopf, und du würdest alles tun, um diesen Menschen zurückzubekommen. Was du zu diesem Zeitpunkt vielleicht noch nicht weißt, ist, dass du dich bereits inmitten einer Dynamik befindest, die typisch für Dualseelen ist. Der Grund, warum sich der Mensch, der dein Herz so berührt, zurückgezogen hat, ist recht simpel: Er hat sich zutiefst erschrocken! Noch niemals zuvor hatte es jemand geschafft, ihm so schnell so nahe zu kommen wie du. Auch er hatte mit dir kurz das Paradies gesehen, um jedoch im nächsten Moment von Angst und Panik überrollt zu werden. Denn tiefe Liebe und Verbundenheit bringen natürlich auch eins mit sich: Verletzungsgefahr!

Traditionell haben die Menschen, die in dieser speziellen Liebeskonstellation den Part übernommen haben wegzurennen, schon in früher Kindheit tiefe Traumata ihrer Gefühlswelt erfahren. Nähe und Liebe fehlten meist in ihrem Leben. Oft wurden diese Wunden dann noch in enttäuschenden Beziehungen vertieft, woraufhin sie mittlerweile um ihren weichen Kern eine regelrechte Schutzmauer errichtet haben. Der einzige Überlebensmechanismus, der ihnen zu diesem Zeitpunkt als sinnvoll erscheint, ist, eine Maske aufzusetzen und davonzurennen.

Von nun an ist solch ein Dualseelen-Partner in zwei Grundängsten gefangen. Die eine Angst ist, dass du ihm zu nahe kommst, und die zweite, dass er dich für immer verlieren könnte. Je nachdem, welche Angst gerade stärker ist, verhält er sich unterschiedlich. Kommt die Angst, dich zu verlieren, immer stärker hoch, so meldet er sich vielleicht nach ein paar Monaten der Stille bei dir, allerdings auf recht oberflächliche Weise. Dies hat zu diesem Zeitpunkt jedoch noch nichts damit zu tun, dass er dich zurückhaben will, sondern erst einmal nur damit, dass er das Bedürfnis hat, seine Angst zu beruhigen. Steigst du auf den »halbgaren« Smalltalk ein, wird er, wie du wahrscheinlich schon am eigenen Leib festgestellt hast, sich entweder recht schnell wieder komplett zurückziehen oder dich in eine Warteschleife packen. Denn sobald sich seine Angst, dich zu verlieren, beruhigt hat, kommt rasant wieder seine Angst vor Nähe und Liebe hoch. Ein wahrer Teufelskreis entsteht, der sich über Jahrzehnte oder das ganze Leben hinziehen kann, wenn er nicht von dir durchbrochen wird. Doch als wäre diese Situation nicht schon schlimm genug, kommt noch erschwerend hinzu, dass dich wahrscheinlich keiner wirklich versteht. Ja, vielleicht verstehst du dich und die ganze Situation noch nicht einmal selbst. Zum Glück ändert sich das jetzt.

Hinweise

Bevor wir nun tiefer einsteigen, noch ein paar Erklärungen. Da in 95 Prozent der Fälle der Mann bei Dualseelen die Flucht vor den tiefen Gefühlen ergreift, habe ich mich entschieden, dieses Buch aus der Sicht von Frauen zu schreiben, die von ihrer Dualseele verlassen wurden. Wenn du ein Mann bist oder in einer homosexuellen Konstellation lebst, so wird dieses Buch dennoch ebenso wertvoll für dich sein.

Zum besseren Verständnis habe ich in diesem Buch den Begriff »Herzmensch« gewählt, um den Partner zu beschreiben, der von seiner Dualseele verlassen wurde. Derjenige, der erst einmal vor der tiefen Nähe und Liebe zur Dualseele flüchtet, wird hier als »Verstandesmensch« bezeichnet.

Was sind Dualseelen?

Was du zu diesem Zeitpunkt unbedingt wissen musst: Du bist nicht allein! Mehr und mehr Menschen haben in letzter Zeit eine schicksalhafte Begegnung mit jemandem, der mit nur einem Blick ihr ganzes Leben verändert! Was wie ein Slogan aus einem Hollywoodfilm klingt, ist weltweit zu einem realen Phänomen geworden. Und was sich zu Beginn wie das Paradies auf Erden anfühlt, wandelt sich bald in einen Höllentrip. Je tiefer eine Liebe zwischen zwei Menschen ist, desto schneller zeigen sich natürlich auch unsere Schattenseiten und alten Verletzungen. Da Dualseelen die wohl intensivste Verbindung überhaupt teilen, kommen umso schneller auch die Themen hoch, die die Dynamik starten. Eine unaufhaltsame Reise beginnt, die alle Beteiligten für immer verändern wird. Willkommen in der Welt der Dualseelen!

Viele sagen, Dualseelen seien *eine Seele in zwei Körpern*. Keine Frage, Dualseelen teilen eine überirdische Verbindung, doch unterliegen auch sie den üblichen Gesetzen von Beziehungen, und es warten ganz bodenständige Lernaufgaben auf sie, die bewältigt werden wollen. Natürlich gibt es einem schon einen gewissen Halt, wenn man versteht, dass man sich in keiner normalen Beziehung befindet, aber können wir wirklich begreifen, was »hinter den Kulissen« abgeht?

Die Quantenphysik zum Beispiel hat bewiesen, dass Zeit eine Illusion ist. Allein diese Tatsache ist nicht leicht zu begreifen. Wie sollen wir also erst die komplexen Vorgänge wirklich verstehen, die da auf der Seelenebene stattfinden? Über die Jahre habe ich festgestellt, dass sich viele Menschen zu sehr an den spirituellen Aspekten dieser Verbindung festklammern und sich darin verlieren. Anstatt am Leben teilzunehmen, träumen sie. Viele wachen erst nach Jahren auf und stellen fest, dass sich nichts geändert hat und ihr Leben stehen geblieben ist. Aus diesem Grund ist es mein Bestreben, dir in diesem Buch das Wissen mitzugeben, mit dem du auch etwas anfangen kannst und das dir helfen wird, diesen höchst anspruchsvollen Weg erfolgreich zu gehen.

Wo kommen wir her, wo gehen wir hin?

Wir Menschen befinden uns auf dieser Erde auf einer Reise zu uns selbst. Das Spiel- und Lernfeld Erde hilft uns, zu erkennen, wer und was wir sind und was nicht. Die hier herrschende Dualität dient uns bei diesem Prozess enorm: Für alles gibt es ein Gegenteil. Es hilft uns zum Beispiel, in der Tiefe zu verstehen, was Liebe ist, wenn wir ihr Gegenteil erfahren, den Verlust. Unser Umfeld dient uns hierzu stets als Spiegel, um uns in der Tiefe zu erfahren.

Unsere Seele kommt aus der Einheit. Wir inkarnieren als Mensch immer wieder und machen hier auf Erden die Erfahrung der Trennung.

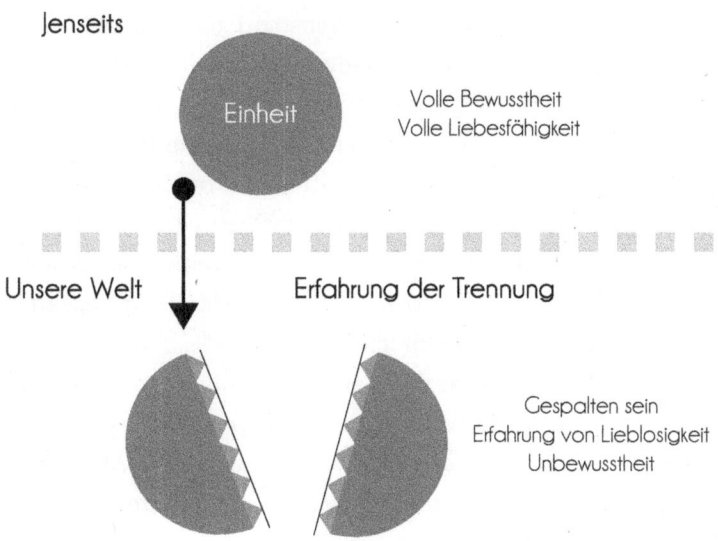

Schon in früher Kindheit lernen wir, dass wir nur für bestimmte Anteile unserer selbst geliebt und angenommen werden. Wir beginnen unter tiefen seelischen Schmerzen, unsere ungeliebten Anteile zu verdrängen. Unser Ego entsteht – mit der Aufgabe, uns vor diesen ungeliebten Anteilen zu schützen. Wir fangen an, Masken zu tragen, und leben fortan nur noch einen Bruchteil unseres wahren Ichs. Die wenigsten von uns sind in der Kindheit »satt« geworden: Es war einfach nicht genug Liebe und Aufmerksamkeit da. Und anstatt uns diese essenziellen Dinge selbst zu schenken, suchen wir sie im Außen. Das Spiel zwischen Licht und Schatten beginnt. Unser Ego möchte den leichten Weg gehen und versucht, das innere Loch mit Liebe und Aufmerksamkeit von außen zu füllen. Unsere Seele hingegen versucht, uns stetig an unser wahres Ich zu erinnern.

Da wir Menschen uns in den seltensten Fällen von allein bewegen, arbeitet die Seele mit Leidensdruck. Dinge, die uns früher scheinbar glücklich gemacht haben, fühlen sich leerer und leerer an, bis wir sie ändern und unser Glück im Innen finden.

Je reifer eine Seele ist, desto herausfordernder sind oft ihre Wege. Wenn sie schon recht fortgeschritten ist, kann das Leben eine besondere Überraschung für sie bereithalten. Es sorgt dafür, dass man sich selbst in der materiellen Welt begegnet. Genau dies ist das Phänomen der Dualseele. Plötzlich sieht und fühlt man alles, was einen selbst vollständig machen würde, im anderen! Es ist die Einheit, nach der du dich so sehr gesehnt hast. Das ist auch der Grund, warum die Anziehung zwischen Dualseelen so übermenschlich groß ist und Zeit und Raum keine Rolle zu spielen scheinen. Du hast auf einmal das Endziel deiner Seele, wieder eins mit dir selbst zu sein, direkt vor Augen!

Deine erste Reaktion ist nun, zu glauben, dass du diesen Menschen ab sofort brauchst, um jenen Zustand der Vollkommenheit zu erleben. Deine Dualseele wird zu deiner Obsession. Sie ist wie eine Droge für deinen Seelenfrieden. Und eins ist klar: Freiwillig würdest du diesen Zustand nicht aufgeben. Warum auch? Schließlich hast du ja das Paradies auf Erden gefunden. Doch deine Seele hat etwas anderes mit dir vor. Auf höherer Ebene haben sich deine Dualseele und du verabredet. Ihr habt den Pakt geschlossen, euch hier auf der Erde zu treffen, um euch gegenseitig zu helfen, euer wahres Ich zu erkennen. Zu erkennen, dass ihr selbst Liebe seid und niemand anderen braucht, um euch vollständig zu fühlen.

Das Wissen über diese Verabredung habt ihr jedoch nicht mehr. Auch ihr seid vor Beginn eures Lebens durch den Kanal des Vergessens gegangen, um die Sache hier auf der Erde so richtig spannend zu machen. Wie soll denn auch das Spiel des Lebens richtig Spaß machen, wenn man alles schon im Voraus weiß? Und da sich keiner von euch an dieses Versprechen erinnern kann und ihr euch freiwillig niemals von eurer vermeintlich fehlenden zweiten Hälfte lösen würdet, wird die Trennung vom Leben selbst eingeleitet.

In all den Jahren, in denen ich Dualseelen betreue, habe ich niemanden erlebt, der sofort erkannt hätte, warum es zur Trennung kam und was dahintersteckt. Die erste Reaktion derer, die verlassen wurden, ist stets Panik und Angst. Sie würden einfach alles tun, um dieses wundervolle Einheitsgefühl, das der andere ihnen gibt, aufrechtzuerhalten. Sie erkennen sich selbst kaum wieder. Ihre Dualseele ist jede Minute des Tages in ihrem Kopf. Und sie überlegen sich tausenderlei Dinge, wie sie ihn vielleicht doch noch zurückbekommen könnten. Sie verbiegen sich bis zum Gehtnichtmehr und geben teilweise komplett ihre eigene Persönlichkeit auf, um den anderen zu halten.

In dieser Phase wurde auf höherer Ebene jedoch bereits ein neuer Abschnitt eingeleitet. Deine Seele wusste natürlich genau, dass du freiwillig wahrscheinlich niemals den mühsamen und schmerzhaften Weg zurück zu dir selbst gegangen wärst. Also hatte sie dir deine Dualseele vor die Nase gesetzt in dem Wissen, dass sie dich in der Tiefe an dein wahres Ich erinnern würde, wenn es wieder zur Trennung käme.

Das Wichtigste, was du über Dualseelen wissen musst

»*Dualseelen teilen eine tiefe spirituelle Verbindung, jedoch mit ganz bodenständigen Lebensthemen, die gemeistert werden wollen.*«

Die wichtigste Erkenntnis für dich zu diesem Zeitpunkt sollte sein, dass es jetzt erst einmal um dich und deine Entwicklung geht. Diese Sichtweise wird alles für dich verändern, dich ans Ziel bringen und, ja, schlussendlich auch in eine glückliche Beziehung führen. Du wirst wieder du selbst sein, und zwar so gefestigt in deiner Mitte, dass du dir auf jeden Fall noch eine Beziehung in deinem Leben wünschst, dein Glück jedoch nicht mehr von ihr abhängt.

Auch wenn du deine Dualseele getroffen hast, so gibt es dennoch keine hundertprozentige Garantie dafür, dass ihr (wieder) zusammenkommen werdet. Du kannst dir noch so oft Tarotkarten legen lassen, es wird dich immer nur kurz beruhigen und ein bisschen Hoffnung geben. Die wahre Freiheit liegt darin, dass du durch deine größte Angst, nämlich deine Dualseele für immer zu verlieren, hindurchgehst und schließlich Frieden mit dem Gedanken schließt, dass du eben nicht genau weißt, was die Zukunft bringen wird.

Wie ich schon erwähnt habe, gibt es mehrere Szenarien für dein persönliches Happy End. Ja, vielleicht seid ihr füreinander bestimmt, entwickelt euch beide weiter, und wie durch Zauberhand kommt er nach einiger Zeit zurück in dein Leben. Sehr oft habe ich das beobachten können. Oder aber es passiert etwas, was du dir zu diesem Zeitpunkt noch nicht einmal ansatzweise vorstellen kannst. Auch du könntest nach einigen Entwicklungsschritten merken, dass du noch eine tiefe Verbindung zu deiner Dualseele spürst, sich dir aber tatsächlich die innere Möglichkeit eröffnet, dass da jemand anders auf dich warten könnte und du am Ende mit einem anderen Menschen eine glückliche Beziehung führen würdest. Nach den authentischen Berichten der Betroffenen, die ich über die Jahre gesammelt habe, kann ich dir versichern: Beide Szenarien sind gleich schön!

Das Leben entwickelt sich immer für und nicht gegen uns. Wenn du die Herausforderungen annimmst, die dieser Weg mit sich bringt, dann wirst auch du eine wundervolle Beziehung führen. Mit wem? Auch bei dir können wir zu diesem Zeitpunkt noch nicht »hinter den Vorhang« schauen. Doch sei beruhigt, für dich ist gesorgt!

Die vier Phasen einer Beziehung

Um dir noch einmal ganz bodenständig die Besonderheit bei Dualseelen deutlich zu machen, zeige ich dir nun die vier Phasen einer Beziehung nach dem Modell der Psychologie der Vision von Chuck Spezzano (siehe »Quellen« im Anhang). Es wird für dich viel wertvoller sein, dieses Modell zu verstehen, als dir ständig über die übermenschliche Verbindung zwischen Dualseelen Gedanken zu machen.

Verliebtheit ⟶ Spiegelung ⟶ Tote Zone ⟶ Paradies

Erste Phase: Verliebtheit. In dieser Phase verlieben wir uns und projizieren unbewusst all das, was wir uns selbst nicht geben können, auf den anderen. Wir haben die »rosarote Brille« auf. Wir verbringen in dieser Phase am liebsten jede Minute mit dem anderen, fühlen uns geliebt, und alles ist leicht und wunderschön. Biochemiker haben sogar herausgefunden, dass unser Körper jetzt teilweise Stoffe produziert, die wir zum Beispiel auch bei Süchten ausschütten. Ohne dass es uns bewusst ist, suchen wir das Glück beim anderen und glauben, abhängig von ihm zu sein. Freiwillig würden wir aus dieser Phase nicht herauswollen. Da unsere Seele aber immer die Ganzheit anstrebt und die Mission hat, in sich selbst vollständig zu werden, wird bald die zweite Phase eingeleitet.

Zweite Phase: Spiegelung. In dieser Phase beginnt unser Partner, uns zu spiegeln, das heißt, er beginnt, meist unbewusst, uns auf unsere eigenen Baustellen im Leben hinzuweisen. Haben wir zum Beispiel noch Ablehnungswunden in uns, so kann es sein, dass unser Partner beginnt, uns wertlos zu behandeln. Die Illusion des perfekten Gegenübers fängt an, zu bröckeln, und es wird zum ersten Mal unangenehm. Haben wir zum Beispiel noch unerlöste Ablehnungswunden aus unserer Vergangenheit, so kann es sehr gut sein, dass unser Partner beginnt, uns das eine oder andere Mal durch sein Verhalten daran zu erinnern. Die wenigsten durchschauen, was wirklich passiert. Denn eigentlich ist dies unermesslich wertvoll für uns. Hier haben wir die Chance, unsere verloren gegangenen Anteile und Schattenseiten zu erkennen und sie zu integrieren. Es wäre die beste Möglichkeit, die Mission unserer Seele auf dem Weg zu ihrer Ganzheit zu unterstützen. Nur reife Seelen können erkennen, was passiert, und nehmen die Herausforderung meist an.

Dritte Phase: Tote Zone. In dieser Phase scheitern die meisten Beziehungen. Unser Ego fährt seine Schutzmechanismen voll hoch, um sich vor den Wunden zu schützen, die der Partner mehr und mehr spiegelt. Es scheint kein Vor und kein Zurück zu geben: ein Zustand, der nur schwer zu ertragen ist. Die wenigsten erkennen, was wirklich passiert, beenden in dieser Phase die Beziehung und suchen ihr Glück in einer neuen Verbindung. Sie versuchen weiterhin, ihr Heil im Außen zu finden und vom anderen das zu bekommen, was sie sich selbst nicht geben können. Sie beginnen mit einem neuen Partner wieder in der Verliebtheitsphase. Die wenigen mutigen Seelen schaffen es durch die tote Zone, überwinden ihr Ego und können in der vierten Phase endlich die Ernte einfahren.

Vierte Phase: Paradies. In dieser Phase sind die Ego-Spiegelungen überwunden, und das Paar hat eine wunderschöne Ebene erreicht. Sie leben im Fluss des Lebens, und ihre Zuneigung ist ein Quell geworden, der nicht versiegt und die Liebe immer und immer wieder erneuert. Beide sind in sich vollständig geworden und bereit, frei von jeglicher Bedürftigkeit wahre Liebe zu schenken und zu empfangen.

Die Besonderheit bei Dualseelen besteht darin, dass ihre Verliebtheitsphase deutlich kürzer ist. Während normale Paare teilweise mehrere Jahre in dieser Phase verbleiben, so sind es bei Dualseelen meistens nur einige Wochen. Auf höherer Ebene sind Dualseelen nämlich der wohl effizienteste Turbolader für die menschliche Entwicklung. Es geht fast sofort an die Lebensthemen. Der Finger wird direkt in die Wunden gelegt.

Die zweite Phase der Spiegelung beginnt also sehr schnell, und auch die tote Zone erreichen sie erfahrungsgemäß schon nach wenigen Monaten. Der Grund hierfür ist leicht einzusehen: Je näher sich zwei Menschen sind und je tiefer die Verbindung wird, desto höher ist auch die Verletzungsgefahr. Unser Ego, das uns genau davor beschützen will, betritt extrem schnell die Bühne, und explosionsartig schaukelt sich die Situation hoch, bis es (vorerst) zur Trennung kommt.

Eine weitere Besonderheit ist, dass man nach der Trennung von einer Dualseele nicht sofort wieder mit einem anderen Menschen in die Verliebtheitsphase kommen und erneut das Glück im anderen suchen kann. Die Verbindung ist noch so intensiv, dass es erfahrungsgemäß nur besser wird, wenn die Betroffenen nach innen blicken und ihre Lebensthemen lösen. Jeder Versuch, es zu Beginn des Wegs mit einem neuen Partner zu versuchen, fühlt sich derart falsch an, dass schnell klar wird: Das kann die Lösung nicht sein.

Die Reise beginnt: den Teufelskreis durchbrechen

»Zu erkennen, dass es erst einmal um einen selbst und die eigene Heilung geht, verändert alles.«

Du hattest also eine Dualseelen-Begegnung? Und nun weißt du bereits, was Dualseelen ausmachen. Dann lass uns doch jetzt loslegen. Ein Weg lässt sich leichter gehen, wenn man ihn kennt. Im Folgenden erfährst du, warum es wichtig ist, erst einmal aus dem Teufelskreis auszubrechen, um diesen Weg zu gehen.

Glaub mir, ich habe schon die dramatischsten Geschichten von Dualseelen gehört. Als ich gerade erst vor ein paar Monaten begonnen hatte, mich auf das Thema »Dualseelen« zu spezialisieren, rief mich eines Nachmittags eine ältere Dame an. Sie hatte ein Video von mir gesehen und wollte mir von ihrer eigenen Dualseelen-Geschichte erzählen. Da ich sowieso gerade zu Fuß auf dem Weg zum Einkaufen war und etwas Zeit hatte, stimmte ich zu.

Voller Enthusiasmus fing sie an: »Damals, 1976, bin ich meiner Dualseele begegnet.« Sie fuhr fort und erzählte mir sehr detailliert die Kennenlernphase und den Punkt der Trennung. Dann sagte sie: »Nachdem ich Jahre nichts von ihm gehört hatte, meldete er sich 1993 endlich wieder. Wir waren zwei Wochen zusammen, bevor er erneut verschwand.«

Als ich das hörte, dachte ich mir schon: »Wow, fünfzehn Jahre sind eine lange Zeit.«

Doch die gute Dame war noch nicht mal ansatzweise fertig, mir ihre Geschichte zu erzählen. »2003 hat er mich dann wieder angerufen, und wir haben eine schöne Nacht verbracht. Danach habe ich aber nichts mehr von ihm gehört bis 2015, als er in der Stadt war und sich mit mir auf einen Kaffee traf.«

Die gute Dame erzählte munter weiter, bis sie mit ihrer Erzählung in der Gegenwart ankam und sie mir sagte, dass sie immer noch sehr leiden würde und ihn sehr vermisste. Ich bedankte mich für das Gespräch, und wir legten auf.

Als ein paar Minuten vergangen waren und ich das Telefonat reflektierte, wurde mir bewusst, dass diese Frau bereits über vierzig Jahre in einer Warteschleife mit ihrer Dualseele festhing. Sie hatte sich leider nicht auf den Weg gemacht, ihre »Seite der Medaille« anzusehen.

Bedauerlicherweise habe ich ähnliche Geschichten über die Jahre immer wieder gehört. Aber das ist jetzt nicht der Punkt, an dem du Angst bekommen solltest! Im Gegenteil: Du hast deinen Weg selbst in der Hand. Dieses Buch soll dich motivieren, die heftige Begegnung als Trainingslager zu sehen! Denn genau das ist es, ein Trainingslager, das dich, wenn du bereit bist, zu wachsen, schnurstracks zurück zu dir selbst führen wird und schließlich, wenn du es gar nicht mehr so dringend brauchst, in eine wundervolle Beziehung. Dualseelen spiegeln sich sehr deutlich und heftig. Integriert man nicht die Schattenseiten, die einem die Dualseele zeigt, in sich selbst, so wird es wahrscheinlich nie zu einer dauerhaften und funktionierenden Beziehung kommen! Wenn du dich zum Beispiel tief in dir noch selbst ablehnst, kann deine Dualseele als dein deutlichster Spiegel gar nicht anders, als dir das zu zeigen, indem sie dich in irgendeiner Form ablehnt. Das habt ihr so auf höherer Ebene vereinbart! Und lass mich dir hier deswegen in aller Deutlichkeit noch einmal sagen: Du bist die oder der Einzige, der/die diesen Teufelskreis aus Anziehung und Rückzug durchbrechen kann!

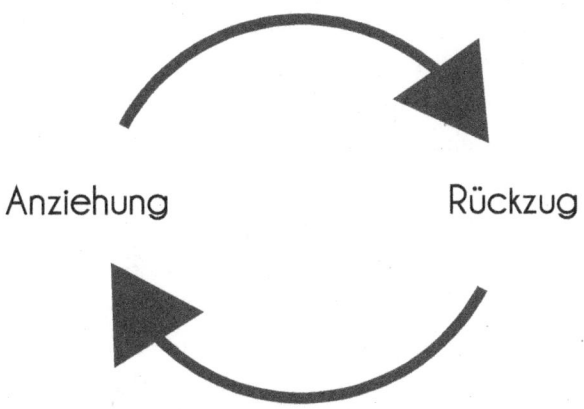

Und das ist zu Beginn alles andere als leicht. Während bei deinem Gegenüber zunächst die Angst vor Nähe dominiert, bist du in der schier übermächtigen Angst gefangen, den Menschen, der dein Herz so sehr berührt, zu verlieren. Die meisten sind daher anfangs bereit, sehr viel über sich ergehen zu lassen, nur um ihn nicht zu verlieren. Sie drücken beide Augen zu, wenn gelogen wird, geben ihr Einverständnis dafür, eine Affäre zu leben, oder lassen sich sogar auf ein Freundschaftsverhältnis ein. Der Grund, warum sie dies tun, ist, dass auch sie zu Beginn in einer Vermeidungsstrategie sind. Über 95 Prozent der sogenannten Herzmenschen, also der Part, der verlassen wurde und im tiefen Schmerz zurückbleibt, leiden unter Ablehnungs- und Verlassenheitswunden. Diese Wunden veranlassen sie, anfänglich bei etwas mitzuspielen, was sie tief in sich eigentlich gar nicht wollen. Sie sind gefangen.

Viele fühlen sich in dieser Phase so kraftlos, dass sie kaum die Energie haben, ihren Alltag auf die Reihe zu bekommen. Der Grund für diesen permanenten Kraftverlust ist, dass wir Menschen unglaublich viel Energie aufbringen müssen, um Wunden, die in uns angetriggert werden, unbewusst zu deckeln. Und eins ist klar: Noch nie zuvor wurde der Finger derart direkt auf deine Wunde gelegt wie in der Trennungsphase von diesem Menschen. Du fühlst dich so abgelehnt und verlassen wie nie zuvor.

Solange du deine eigenen Wunden nicht selbst heilst, wird sich auch im Außen nichts ändern, denn ihr habt euch ja genau dafür verabredet: euch gegenseitig eure Wunden aufzuzeigen. Hier ist der Punkt, wo entweder die Magie beginnen kann oder sich die Abwärtsspirale fortführt. Die Spreu trennt sich vom Weizen. Es braucht deine Entscheidung und vor allem deinen Mut hinzuschauen. Wenn du diese Entscheidung jetzt treffen kannst, so werden die folgenden Seiten dein Leben für immer verändern.

Du hast dich entschieden, ich freue mich! Dann lass uns jetzt die Ärmel hochkrempeln und weiter durchstarten! Der erste Schritt Richtung Glück und Entwicklung besteht für dich darin, den Teufelskreis zu durchbrechen. Frag dich, was dich davon abhält, für dich einzustehen und zuzugeben, dass du alles andere als eine gelebte Beziehung mit deiner Dualseele gar nicht willst und mitmachen kannst. Wenn du diesen Schritt gegangen bist, werden sich wahrscheinlich wie auf dem Silbertablett einige schmerzhafte Themen zeigen: Angst, ihn für immer zu verlieren, Angst, dass er sich einfach jemand anderen sucht, wenn du nicht mehr verfügbar bist, und so weiter. Dein Prozess nimmt jetzt richtig an Fahrt auf, und du bist nun gefordert, mutig durch deine Ängste zu gehen. Doch die gute Nachricht lautet: Für dich verläuft der Weg immer mehr in Richtung Leichtigkeit, wenn du konsequent bleibst.

In deinem Prozess geht es für dich darum, immer mehr aus diesem Zustand herauszukommen und die Leiter Richtung männliche Kraft und Leichtigkeit einmal komplett nach oben zu klettern, um dich dann, nachdem du deine unterdrückten männlichen Anteile integriert hast, wieder gesund in der Mitte einzupendeln.

Wir Menschen haben nämlich zwei Grundbedürfnisse: Das eine ist, dass wir Liebe schenken und empfangen wollen (»weibliche« Kraft), und das andere, dass wir uns in der materiellen Welt ausdrücken wollen mit den Gaben und Talenten, die wir mitgebracht haben (»männliche« Kraft). Es ist ähnlich wie beim Verhältnis der universalen polaren, aber dennoch aufeinander bezogenen Kräfte oder Prinzipien Yin und Yang aus der chinesischen Philosophie (siehe auch den Abschnitt »Der vierte Schlüssel: Yin-Yang-Balance«). Yin – im Symbol schwarz – steht für die passive, nach innen gerichtete Energie und gilt als »weiblich«. Yang – im Symbol weiß – ist das aktive, impulsgebende Prinzip und gilt als »männlich«. Damit ist keinerlei Wertung verbunden, denn beide sind gleichberechtigt und gleichwürdig, außerdem können sie ohne einander nicht sein, und das eine ist im jeweils anderen enthalten (was in der Monade durch den weißen Punkt im Schwarzen und den schwarzen Punkt im Weißen symbolisiert wird).

Weibliche und männliche Energien sollten bei jedem Menschen in einem ausgewogenen beziehungsweise angemessenen Verhältnis zueinander stehen. Sehr häufig ist das männliche Prinzip beim Herzmenschen jedoch deutlich unterentwickelt.

In über tausend Sitzungen mit Betroffenen konnte ich vier goldene Schlüssel herausarbeiten, die dich genau an dieses Ziel der ausbalancierten Verhältnismäßigkeit führen werden. Du wirst dich wiedergefunden haben und deine Lebensaufgabe leben. Von innen heraus wirst du dich so erfüllt fühlen, dass du deine große Liebe gar nicht mehr zwangsläufig brauchst. Vielleicht kannst du das zu diesem Zeitpunkt noch nicht glauben, aber ich habe es hundertfach bei meinen Klienten und Seminarteilnehmern erlebt. Die Liebe ist dann frei geworden. Sie wird von dir zu ihm fließen, ohne dass du eine Erwiderung bräuchtest. Das ist die Essenz von bedingungsloser Liebe, die dein Wesen durchdringen wird und das Potenzial hat, dein ganzes Umfeld positiv zu beeinflussen. Du hast dann den ersten wichtigen Schritt auf diesem Weg mit Bravour gemeistert, und das Leben wird dir sicher bald (wieder) einen wundervollen Partner zur Seite stellen. Wenn du also bereit bist, diesen Weg als Trainingslager zu sehen und dich zu entwickeln, dann lass uns jetzt weiter in die Tiefe gehen.

Die vier goldenen Schlüssel auf dem Dualseelen-Weg

Jeder Weg, den ein Mensch zu gehen hat, ist individuell. Als ich die letzten Jahre mehr und mehr Betroffene betreute, stellte ich jedoch fest, dass sich die Lebensthemen und Lernaufgaben, mit denen Herzmenschen konfrontiert werden, extrem ähneln. Diese auffälligen Parallelen haben mich dazu bewogen, vier Schlüssel auf dem Dualseelen-Weg herauszuarbeiten, die essenziell sind. Im Folgenden bekommst du einen Überblick und erfährst, wie du dich über vier Schlüssel zügig und nachhaltig in dein Leben bringst.

Der erste Schlüssel: Seelenwunden überwinden

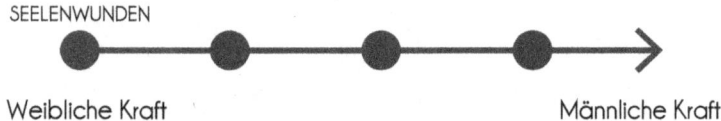

Du weißt es noch, als wäre es gestern gewesen! Unerträgliche seelische Schmerzen und Ängste überschatteten dein Leben, als die Beziehung mit deiner Dualseele auseinanderging. Vielleicht spürst du das sogar jetzt, in diesem Moment. Doch was ist der wahre Grund für diese Schmerzen? Tief in uns sind wir alle auf der Suche nach uns selbst. Wie schon kurz erwähnt wurde, kommen wir als Seelen aus der Einheit und inkarnieren als Menschen. Hier machen wir die Erfahrung der Trennung. Schon in früher Kindheit müssen wir unter großen Schmerzen Teile unseres Selbst abspalten, weil wir nur für ein bestimmtes Verhalten geliebt werden und Aufmerksamkeit erhalten. Für unser wahres Ich scheint kein Platz zu sein. Traumatische Erfahrungen in unserer Kindheit wie zum Beispiel Gewalt, Verlust oder Ablehnung, machen uns zusätzlich zu schaffen. Hier entstehen unsere ersten Seelenwunden. Bestimmte Erlebnisse in unserer Kindheit erscheinen uns als so schmerzhaft, dass wir nicht glauben, sie aushalten zu können, also verdrängen wir sie. Um »alltagsfähig« zu bleiben, beginnen wir, Masken zu tragen, um auf keinen Fall mehr mit den Schmerzen in Kontakt kommen zu müssen. Unser falsches

Selbst (Ego) entsteht mit dem Auftrag, uns vor den Schmerzen zu schützen, die wir nicht auszuhalten glauben.

Den meisten Menschen auf dieser Erde ist nicht einmal bewusst, dass sie Masken tragen, um alte Wunden zu verstecken. Ihr Ego macht ganze Arbeit und verspricht ihnen, das Glück im Außen zu finden. Nur wenige mutige Seelen gehen den Weg nach innen und stellen sich ihren Wunden. Wenn du dieses Buch liest, so hast auch du dir auf höherer Ebene das Ziel gesetzt, deine Seelenwunden zu überwinden und zu deinem wahren Ich zurückzukehren. Du bist eine dieser mutigen Seelen! Und genau deswegen ist deine Dualseele in dein Leben getreten. Niemand sonst hätte dir so effektiv dabei helfen können, deine eigenen Seelenwunden wieder zu spüren, um sie im nächsten Schritt überwinden zu können. Und obwohl du wahrscheinlich noch sehr leidest und es dir nicht leichtfällt, versuch doch einmal kurz, jetzt in diesem Moment, deiner Dualseele dafür dankbar zu sein.

Lass mich dir jetzt die faszinierende Seelenwunden-Theorie näherbringen. Als ich vor vier Jahren darauf stieß, habe ich sofort die Parallelen zu den Dualseelen gesehen und sie wenig später in meine Arbeit eingebracht. Dieses Wissen hat schon Hunderten meiner Klienten massiv auf ihrem Weg geholfen, und ich bin mir sicher, dass es auch dich weiterbringen wird.

Begründerin der Seelenwunden-Theorie ist Lise Bourbeau. Die bekannte Autorin und Psychologin unterscheidet zwischen fünf Wunden, die eine Seele erleiden kann, mit fünf dazugehörigen Masken, die wir tragen, um die Wunden zu verstecken. Das Faszinierende ist, dass es typische Wunden gibt, die der Herzmensch in der Dualseelen-Konstellation hat, und wiederum charakteristische Wunden, die den Verstandesmenschen betreffen.

> **Die fünf Seelenwunden im Überblick**
>
> **Seelenwunden, an denen typischerweise der Herzmensch leidet:**
> - Seelenwunde der Ablehnung – Maske der Flucht
> - Seelenwunde des Verlassenwerdens – Maske der Abhängigkeit
>
> **Seelenwunden, an denen typischerweise der Verstandesmensch leidet:**
> - Seelenwunde des Vertrauensbruchs – Maske der Kontrolle
> - Seelenwunde der Demütigung – Maske der Unterwürfigkeit
> - Seelenwunde der Ungerechtigkeit – Maske der Starrheit

Die Seelenwunde der Ablehnung

Bei der Seelenwunde der Ablehnung hat der Betroffene das Gefühl, dass seine Existenzberechtigung infrage gestellt wird. Dieser Schmerz ist so groß, dass er sich bald die Maske der Flucht zulegt: Er meidet Situationen, in denen er womöglich abgelehnt werden könnte, und entzieht sich ihnen, indem er aktiv flüchtet oder sich innerlich aus der Realität zieht, zum Beispiel durch Tagträume.

Ein Mensch, der solch eine Wunde hat, neigt dazu, seinen Platz nicht behaupten zu können, und hat durchlässige oder keine Grenzen. Denn unsere Grenzen zeigen wir, wenn wir zum Beispiel jemandem widersprechen oder mutig unsere Meinung äußern. So werden wir sichtbar. Doch genau davor hat ein Mensch mit der Seelenwunde der Ablehnung große

Angst. Er versteckt sich lieber, denn da glaubt er sich vor Ablehnung sicher. Natürlich bringt diese Taktik viele Nachteile mit sich. Es passiert beispielsweise sehr häufig, dass die Betreffenden mit anderen Menschen energetisch »verschmelzen«, da sie sich nicht abgrenzen können und somit auch Kraft im Umgang mit ihnen verlieren.

Viele Herzmenschen in der Dualseelen-Konstellation leiden unter genau dieser Seelenwunde und sind so in der ungeklärten Phase »leichte Beute« für den Verstandesmenschen. Aufgrund seiner unbewussten Angst, verletzt zu werden, will er lieber die absolute Kontrolle haben, um sich nicht seinen Gefühlen stellen zu müssen. Und da die Herzmenschen anfangs nicht gut Nein sagen können, geht die Taktik mit der Kontrolle perfekt auf. Weil der Verstandesmensch in den seltensten Fällen seine eigenen Seelenwunden freiwillig ansieht, wird er erfahrungsgemäß lieber alles daransetzen, die Kontrolle zu behalten und das Gegenüber »an der langen Leine« zu halten. Hier wird einmal mehr deutlich, warum Herzmenschen diejenigen sind, die den Teufelskreis durchbrechen müssen, damit überhaupt etwas in Bewegung kommt. Nur wenn sie diese Seelenwunde überwinden und lernen, sich selbst anzunehmen, stehen sie fest in ihrem Selbstwert und in ihren Grenzen. Das ist der Punkt, an dem der Verstandesmensch das erste Mal mit seinen Themen konfrontiert wird. Zuvor hatte er ein leichtes Spiel, denn er hatte ja alles im Griff. Doch nun merkt auch er, dass sein Gegenüber an Stärke gewonnen hat und für sich einstehen kann. Ab einem gewissen Zeitpunkt wird er mit der Entscheidung konfrontiert, sich entweder den Gefühlen zu stellen und zu lernen, sich einzulassen, oder Gefahr zu laufen, den anderen für immer zu verlieren.

Die Seelenwunde des Verlassenwerdens

Bei dieser Seelenwunde hatte der Betroffene Erlebnisse, während deren er sich allein gelassen oder verlassen fühlte. Die Wunde ist so heftig, dass er sich bald die Maske des Abhängigen zugelegt hat, um die Wunde zu überdecken. Menschen, die an dieser Wunde leiden, neigen dazu, sich von anderen abhängig zu machen und alles zu tun, um nicht allein gelassen zu werden. Sie stimmen dem Gegenüber vorschnell zu und zeigen ihre Grenzen nicht, weil das bedeuten könnte, dass man sich von ihnen abwendet und sie allein dastehen. Viele haben sogar nie wirklich gelernt, gesunde Grenzen zu setzen. Die Betroffenen »verschmelzen« auch hier oft energetisch mit dem Gegenüber und verlieren dadurch häufig Energie.

Diese Wunde ist ebenso typisch für die Herzmenschen, die zu Beginn des Dualseelen-Wegs alles tun, nur um nicht verlassen zu werden. Sie erdulden oft schwere Demütigungen bis hin zur Selbstaufgabe. Dies nutzt der Verstandesmensch unbewusst aus, um die volle Kontrolle zu behalten, da er solche Angst hat, sich seinen Gefühlen zu stellen. Ähnlich wie bei der Seelenwunde der Ablehnung hat es einen äußerst positiven Effekt, wenn der Betroffene sie überwindet. Es wird enorm viel Energie frei, er kann seine Grenzen besser setzen und sein wahres Ich zeigen. Und nun wird auch der Verstandesmensch plötzlich ganz stark mit seinen Themen konfrontiert, denn er wird den Herzmenschen nicht mehr in eine Position bringen können, in der er die absolute Kontrolle hat.

Die Seelenwunde des Vertrauensbruchs

Bei der Seelenwunde des Vertrauensbruchs hat der Betroffene Erfahrungen gemacht, bei denen er sich verraten oder im Stich gelassen fühlte. Das passende Gegenstück zum Vertrauensbruch ist die Treue. Stell dir vor, du bist zum ersten Mal verliebt. Du vertraust blind und gibst dich voll den Gefühlen hin, doch eines Tages erwischst du deinen Partner mit jemand anderem im Bett. Ein klassischer Vertrauensbruch. Die Schmerzen, die dabei entstehen, sind für die Betroffene so schwer zu ertragen, dass sie sich schnell die Maske der Kontrolle anlegen, um die Wunde nicht mehr zu spüren. Solch ein Mensch lebt ab diesem Zeitpunkt fast nur noch im Verstand. Er versucht alles, was er kann, um die Dinge im Griff zu haben, vor allem die Gefühlswelt. Bei solchen Personen ist es schwer, seinen Platz zu behaupten, geschweige denn, eine faire Diskussion zu führen. Man hat das Gefühl, sie haben eine regelrechte Schutzmauer aufgebaut. Alles, was Kontrollverlust bedeuten könnte, macht ihnen Angst und Panik.

Bei Dualseelen würde man hier ganz klar den Verstandesmenschen einordnen. Er hat aufgrund dieser Wunde überfunktionale Grenzen aufgebaut, die dafür sorgen, dass niemand emotional an ihn herankommt. Die Wunde sitzt so tief, dass er sie freiwillig wahrscheinlich nie heilen würde. Es bedarf eines Menschen, der ihm so viel bedeutet, dass er sich auf Dauer nicht gegen die Gefühle stellen kann. Hier wird ganz deutlich, dass du als Herzmensch das Potenzial hast, den Verstandesmenschen mit seinen Themen in Kontakt zu bringen. Um das zu initiieren, musst du ihm jedoch deine Grenzen zeigen können.

Die Seelenwunde der Demütigung

Bei dieser Seelenwunde hat der Betroffene Situationen erlebt, in denen er sich erniedrigt oder desavouiert fühlte. Als Schutz legte er sich bald die Maske des Unterwürfigen zu. Diese Menschen neigen auch dazu, alles kontrollieren zu wollen, um einer möglichen Demütigung zu entgehen. Sie bemuttern andere oft, nicht unbedingt aus Liebe, sondern um sich wertvoll zu machen und auch hier die Kontrolle zu haben.

Auch diese Wunde trifft man häufig beim Verstandesmenschen an. Bevor er eine mögliche Bloßstellung riskiert, versucht er lieber, sich und andere mit seinem Verstand unter Kontrolle zu haben. Er erlaubt sich nicht, in die Gefühlswelt abzutauchen, da dort eine mögliche Demütigung lauern könnte.

Die Seelenwunde der Ungerechtigkeit

Hier war der Betroffene mit Erlebnissen konfrontiert, bei denen er sich zutiefst ungerecht behandelt fühlte. Er hatte das Gefühl, nicht geachtet zu werden oder nicht das zu bekommen, was ihm zusteht. Als Maske legte er sich Starrheit zu. Zum besseren Verständnis stelle man sich hier einfach das bockige Kind vor, das sich nicht fair behandelt fühlt. Es stampft auf den Boden, verschränkt die Arme und zieht die Mundwinkel nach unten. Es wird starr, lässt nicht mehr mit sich reden und kontrolliert seine Gefühle. Mit solchen Verhaltensmustern geht jemand durch sein Leben, wenn er diese Wunde in sich trägt. Immer wenn er auch nur ansatzweise mit den Schmerzen in Kontakt kommt, die er bezüglich einer Ungerechtigkeit erlebt hat, fährt er sofort die Maske der Starrheit hoch und unterdrückt jegliches Gefühl.

Bei Dualseelen ist hier oft der Verstandesmensch einzuordnen. Wenn er an dieser Wunde leidet und darin gefangen ist, ist es unwahrscheinlich, dass er sie freiwillig löst. Wenn der Herzmensch seine Wunden überwindet und Grenzen setzen kann, wird er mit der Maske der Starrheit nicht weiterkommen. Er kann noch so bockig und starr sein, er wird auf ein Gegenüber blicken, das gelernt hat, für sich einzustehen. Nur so kann eine Weiterentwicklung geschehen.

Deine Seelenwunden

> »*Das Leben strebt immer nach Ganzheit. Wenn du Menschen begegnest, die dich nicht gut behandeln, wirst du auf höherer Ebene dazu aufgefordert, deine Seelenwunden zu überwinden.*«

Du hast nun einen guten Überblick über die Seelenwunden erlangt. Diese Theorie hat wie gesagt einen ganz festen Platz in meiner Arbeit, denn sie erklärt uns wunderbar einleuchtend, warum wir sind, wie wir sind. Außerdem mag ich sehr, wie mit dem Modell der Seelenwunden einmal mehr klar wird, dass du als Herzmensch gefordert bist, dich deinen Seelenwunden zu stellen. Nicht nur, dass es für dich und deinen eigenen Seelenfrieden wunderschön sein wird, nach der Überwindung der Seelenwunden endlich wieder dein wahres Ich leben zu können.

Auch im Hinblick auf deinen Dualseelen-Weg ist es essenziell, dass du die Wunden heilst. Nur so wird auch dein Partner mit seinen Wunden konfrontiert. Was er dann damit macht, ist seine Sache. Wenn du deinen Part erledigst und ihr füreinander bestimmt seid, dann wird er so lange immer wieder mit seinen eigenen Seelenwunden zu tun haben, bis er sie schließlich überwindet und sich auf die Liebe einlassen kann. Wenn nicht, steigt er an irgendeinem Punkt aus, und es wird dir schließlich ein anderer Partner zur Seite gestellt.

Ich kann mich hierbei gar nicht oft genug wiederholen, da es der entscheidende Knackpunkt ist. Du gehst diese Entwicklung für dich selbst! Wenn du deine eigenen Seelenwunden überwindest, müssen sie dir durch andere Menschen nicht mehr gespiegelt werden, sodass es wundervoll einfach für dich wird. Du wirst so geliebt werden, wie du bist! Auch wenn du dir das zu diesem Zeitpunkt vielleicht beim besten Willen noch nicht vorstellen kannst, wirst du ins tiefe Vertrauen kommen, dass der passende Partner (zurück) in dein Leben treten wird.

In welchen Seelenwunden hast du dich wiedergefunden? In Wahrheit ist es so, dass wir meistens in der Hauptsache an ein bis zwei Seelenwunden und an bis zu drei »Nebenseelenwunden« leiden können. Das heißt also, dass du dich theoretisch in all den genannten Seelenwunden wiedergefunden hast. Spür einfach in dich hinein, mit welchen du in Resonanz gehst, und notier sie im Folgenden in der Reihenfolge ihrer Intensität.

Meine Seelenwunden

_____

_____

_____

_____

_____

Keynotes: Seelenwunden

- Schon vor unserem Leben wählen wir, Seelenwunden zugefügt zu bekommen, um sie zu erfahren und zu überwinden.

- Die Schmerzen, die wir bei der Entstehung der Seelenwunden erleben, lassen uns Masken aufziehen, um sie nicht mehr fühlen zu müssen und uns zu verstecken.

- Mutige und reife Seelen stellen sich ihren Seelenwunden und überwinden sie.

- Wer sie überwunden hat, kehrt zu seinem wahren Ich zurück und somit in seine volle Schöpferkraft.

- Herzmenschen leiden meistens an Seelenwunden der Ablehnung und des Verlassenwerdens.

- Nur wenn du deine Seelenwunden überwindest, wird dein Gegenüber so richtig mit den seinen konfrontiert.

Der zweite Schlüssel:
Vision, Ziel und Umsetzung

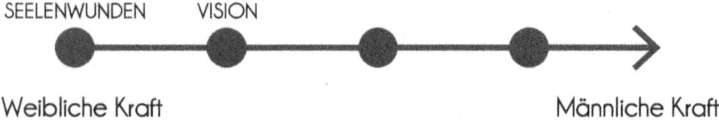

Hast du den ersten Schlüssel gemeistert, und sind deine Seelenwunden überwunden, ist schon sehr viel erreicht! Wenn du dir deine Persönlichkeit als Kreis vorstellst, so hatte dieser Kreis aufgrund deiner Seelenwunden noch viele Löcher, aus denen deine Lebensenergie herausfloss. Sobald du diese Wunden transformiert hast, schließen sich die meisten Löcher. Du hast ein ganz neues Gefühl für dich, kannst viel besser bei dir bleiben und verlierst im Alltag keine Energie mehr.

Dennoch: So erfreulich diese Entwicklung auch ist, und so stolz du auch auf dich sein kannst, dein Weg endet hier noch nicht. Es macht mich regelmäßig traurig, zu sehen, wie viele an diesem Punkt aufhören, sich zu entwickeln. Es geht ihnen schon deutlich besser und sie leiden nicht mehr so sehr. Doch wie schon zu Beginn erwähnt, geht es wirklich darum, die Leiter in Richtung männliche Kraft und Leichtigkeit einmal komplett nach oben zu klettern.

Aufgrund frühkindlicher Prägungen haben Herzmenschen oft nie so richtig gelernt, sich auf die eigene Person zu konzentrieren und ihre Talente zu entdecken. Findet die Entdeckung und Ausprägung der eigenen Identität und Talente in den entscheidenden Kindheitsjahren nicht statt, entwickeln sie eine große Angst davor. Oft haben Herzmenschen diese Tatsache so sehr verdrängt und sich daran gewöhnt, dass es ihnen schlichtweg nicht bewusst ist. Wenn sie schließlich auf ihre Dualseele treffen, so könnte der Spiegel nicht deutlicher sein. Der Verstandesmensch kann nämlich genau das traditionell sehr gut. Er hat meist recht früh gelernt, Verantwortung zu übernehmen und sich auf die eigene Person zu konzentrieren. Ja, meist sogar zu gut! Die fehlende Nestwärme und oft auch Enttäuschungen in früheren Beziehungen haben ihn eine regelrechte Schutzmauer um seine Gefühlswelt errichten lassen. Sein Drang zur Selbstbezogenheit ist zu dominant, sodass er seine weiblichen Anteile komplett vernachlässigt. Ihr könntet also zu Beginn kaum gegensätzlicher sein. Auch hier ist die Lösung recht einfach: Fang bei dir an! Integriere deine fehlenden männlichen Anteile, etwa wie ich es im Folgenden beschreibe.

Sehr oft beginnen meine Klienten das Gespräch mit einem Statement wie diesem: »Julian, ich weiß genau, dass er mich liebt, aber er rennt immer weg. Ich kann nicht verstehen, was daran so schwer sein kann, sich seinen Gefühlen zu stellen.« Anstatt darauf einzugehen, antworte ich meistens mit einer Gegenfrage, zum Beispiel: »Also, du hast mir berichtet, dass du seit zehn Jahren in einem Job bist, der dir keinen Spaß macht. Außerdem hast du mir erzählt, dass du bereits drei Ausbildungen im psychologischen Bereich hast. Und jetzt frag ich dich: Was kann denn so schwer daran sein, dich endlich selbstständig zu machen und dich zu zeigen?«

Meistens herrscht dann erst einmal kurz Stille, denn ich treffe den Nagel auf den Kopf. Empathie, Gefühle und Liebe zuzulassen sind Fähigkeiten, die trainiert werden müssen. Lernen wir dies in den entscheidenden Jahren nicht, so entwickelt sich eine enorme Angst davor. Sich damit auseinanderzusetzen, um es dann zu lernen, kann schon eine ganze Weile dauern. Und genauso ist es bei dir mit den männlichen Anteilen. Deinen Wert erkennen, zu lernen, auch mal Nein zu sagen, und dich auf deine eigene Person und auf deine Talente zu konzentrieren, sind Fähigkeiten, die auch dir viel Kraft und Zeit abverlangen können, um es zu guter Letzt zu integrieren.

Doch die gute Nachricht ist: Ich habe über die Jahre Mittel und Wege entdeckt, die diesen Vorgang enorm beschleunigen und dich deine fehlenden Anteile recht schnell integrieren lassen. Und genau hier kommt der zweite Schlüssel auf dem Dualseelen-Weg ins Spiel: Visionen und Ziele.

Die Komfortzone

Wenn wir uns nicht weiterentwickeln, bleiben wir in unserer Komfortzone. Das ist der Bereich, in dem wir uns sicher fühlen und in dem unsere täglichen Aufgaben wie auf Autopilot ablaufen. Immer wenn wir etwas Neues dazulernen, müssen wir automatisch unsere Komfortzone verlassen. Vielleicht kannst du dich noch an deine ersten Fahrstunden erinnern: Blinker setzen, Gang einlegen, Gas geben ... alles gleichzeitig? Unmöglich. Doch nach einiger Zeit hast du es gemeistert, und wie von selbst konntest du irgendwann plötzlich Auto fahren.

Immer wenn wir ein Problem lösen müssen oder ein Ziel erreichen wollen, müssen wir automatisch unsere Komfortzone verlassen, um diese Aufgaben zu erfüllen. Mit jedem gelösten

DER ZWEITE SCHLÜSSEL: VISION, ZIEL UND UMSETZUNG

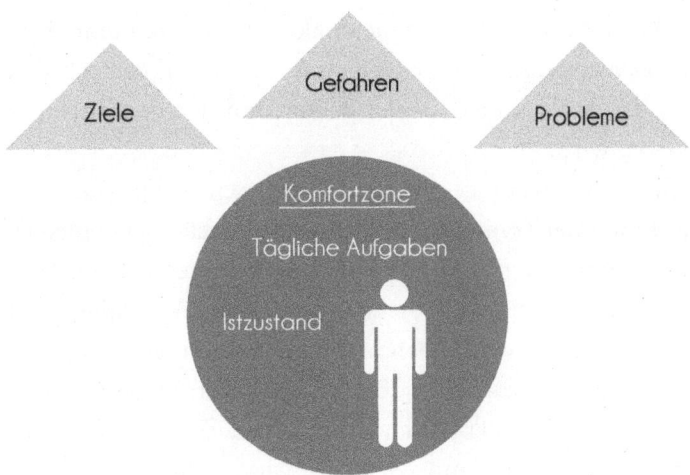

Problem oder erreichten Ziel erweitern sich unsere Komfortzone und gleichzeitig auch unsere Persönlichkeit.

Die Komfortzone ist bei Herzmenschen aufgrund ihrer Prägung meist sehr klein. Sie zu erweitern vermeiden sie oft aus Angst, Neues zu lernen oder sich Herausforderungen zu stellen. Viele halten aufgrund dieser Tatsache sogar ihre Lebensaufgabe unter Verschluss.

Außerdem neigen sie dazu, sich gern einmal hinter ihrem Partner zu verstecken. Dieses Versteckspiel funktioniert nach der Begegnung mit der Dualseele jedoch überhaupt nicht mehr. Als dein Spiegel zeigt er dir durch sein Verhalten recht schnell, dass du dich noch vor dir selbst versteckst. Du wirst plötzlich kalt und abweisend behandelt und schließlich verlassen. Deutlicher könnte der Spiegel kaum sein. Auf höherer Ebene verhält sich deine Dualseele so, um dich herauszufordern. Auf der Seelenebene fragt er dich: Wo bist du? Zeig dich doch endlich!

Wenn du diese Tatsache jetzt akzeptierst und daran arbeitest, dich zu zeigen und deine Komfortzone zu erweitern, dann wirst du dich wundern, welch schöne Formen dein Leben annehmen wird.

Und auch wenn es erst einmal komisch klingt: Das Leben hat dir mit der Trennung von deiner Dualseele sogar einen Gefallen getan! Es gibt dir Zeit, dich in eine Verbindung dieser Intensität erst einmal hineinzuentwickeln. Aufgrund deiner Lebensthemen hast du dich in dieser Liebe immer wieder verloren und konntest deine Energie nicht bei dir behalten. Du bist regelmäßig energetisch ausgeblutet. Das muss sich ändern! Wenn nicht, dann wird es sowieso immer schneller zu Problemen kommen, da er ja dein deutlicher Spiegel ist. Wenn du über einen längeren Zeitraum zu sehr in der weiblichen Kraft verhaftet bist, dann kann dein Gegenüber gar nicht anders, als zu sehr in der männlichen Kraft zu sein und sich der Liebe zu verschließen.

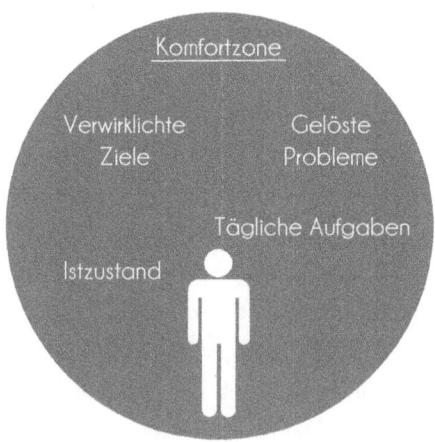

Du brauchst eine Sache in deinem Leben, für die du dich so begeistert, dass du, selbst wenn die Liebe deines Lebens morgens neben dir liegt, den inneren Drang verspürst, dieser Sache nachzugehen. Hier schaffst du Balance. Leben heißt wachsen, und es ist wichtig, dass du und dein Partner immer wieder kurz auseinandergeht (sei es auch nur für ein paar Stunden), damit jeder seiner Passion nachgehen kann. So ist die Beziehung im Fluss und wächst. Aber was ist deine Leidenschaft, »dein Ding«? Vielleicht spürst du, wenn du diese Zeilen liest, wie sich eine Leere in dir ausbreitet, weil du dir darüber noch nie wirklich Gedanken gemacht hast. Doch genau jetzt ist die Zeit gekommen, es anzugehen!

Hab keine Angst vor dem Unbekannten, denn im Folgenden erkläre ich dir genau, wie du diese fehlenden Anteile deiner selbst integrieren und in dein Leben bringen kannst.

Mit der Vision beginnen

Es kann sein, dass du bei dem Begriff »Vision« erst einmal zurückschreckst und dir denkst: »Wer bin ich schon, um eine Vision zu haben?« Doch ich möchte dir sagen, Visionen und Ziele sind dein Freund. Richtig angewandt, helfen sie dir auf magische Weise, das, was dich wirklich ausmacht, auf die Welt zu bringen. Eine Vision ist hierbei der Motor, der dich antreibt. Er ist der Grund, warum du tust, was du tust. Als ich zum Beispiel mitten in meinem eigenen Dualseelen-Prozess war, faszinierte es mich unglaublich, wie dieser eine Mensch mein ganzes Leben verändern konnte. Ich wurde regelrecht dazu gezwungen, meine Schattenseiten anzuschauen und zu überwinden. Der Leidensdruck war immens hoch. Innerhalb kurzer Zeit fand ich zu mir selbst.

Als mir immer mehr Menschen begegneten, die auch solch eine Begegnung hatten, erwachte in mir der tiefe Wunsch, ihnen zu helfen, diesen außerordentlich anspruchsvollen Weg zu meistern. Und schwups, da war sie: die erste große Vision in meinem Leben. Ich schrieb sie mir ganz groß auf ein Blatt Papier: *Ich helfe Menschen, die eine Dualseelen-Begegnung hatten, sich selbst zu finden und eine wundervolle Beziehung zu führen.* Ich hängte das Blatt an die Wand und begann, mir die Vision Tag für Tag anzuschauen. Es war mein erstes großes »Warum« im Leben. Ein Grund, morgens aufzustehen. Mein Motor wurde gestartet und gewann immer mehr an Power. Zusätzlich stellte ich mir jeden Abend vor, wie ich Menschen auf diesem Weg helfen würde. Ich badete in den Emotionen von Dankbarkeit und dem Gefühl von Sinn und Erfüllung, als ich das vor meinem inneren Auge Revue passieren ließ.

Was danach passierte, hätte ich mir zu Beginn nicht träumen lassen. Die Vision wurde so groß, dass sie meine Ängste aushebelte und ich plötzlich Sachen machte, die ich nie bei mir für möglich gehalten hätte. Als Erstes eignete ich mir, obwohl ich technisch nicht sehr begabt bin, das nötige Wissen an, um eine Webseite einzurichten. Kurz danach kündigte ich meinen Job und setzte alles auf diese Karte. Und glaub mir, in der ersten Zeit gab es Phasen, in denen mehr als zwei Wochen lang niemand an meinem Angebot interessiert war und ein Teil von mir schon in die Existenzangst rutschen wollte. Ein viel größerer Teil jedoch glaubte ganz fest an meine Vision. Ich wusste tief in mir, dass ich etwas zu geben hatte, was anderen enorm helfen kann, und daran hielt ich fest. Und so ging es Schritt für Schritt weiter.

Kurze Zeit später überwand ich wie gesagt sogar eine meiner größten Ängste, allein vor Menschen zu sprechen, und setzte mein erstes Wochenendseminar an. Du kannst mir glauben, kurz davor zitterte ich am ganzen Körper, und ich dachte mir: »Was habe ich mir da bloß aufgehalst?« Aber als das Seminar vorüber war, wurde ich regelrecht süchtig danach. Und so konnte ich durch meine Vision stetig meine Komfortzone erweitern und mit Leidenschaft einer Sache nachgehen, die mein Herz berührt.

Das Magische dabei ist, dass es zu Beginn noch gar nicht wichtig ist, wie man seine Vision genau ins Leben bringt. Die Erfahrung zeigt: Wenn das »Warum« stark genug ist, zeigt sich das »Wie« von ganz allein.

Magnus und die Hunde

Magnus war ein Klient, mit dem ich einige Sitzungen verbrachte. In den ersten widmeten wir uns seinen alten Verletzungen und transformierten sie, unter anderem mit der Ho'oponopono-Technik, die ich dir am Ende des Buches erklären werde, erfolgreich. In einer der nächsten Stunden widmeten wir uns seiner Vision. Er berichtete, dass er eine starke Verbindung zu Hunden verspürte, und so arbeiteten wir für ihn seine Vision aus, die er aufschrieb:

Ich helfe Hunden, ein besseres Leben zu führen.

Anstatt sofort zu besprechen, wie genau er diese Vision in die Umsetzung bringen könnte, gab ich ihm lediglich die

»Hausaufgabe«, sich bis zur nächsten Sitzung jeden Abend seine Vision vorzustellen. Ich bat ihn, in den Emotionen zu baden, die er hat, wenn er sich vorstellt, seine Vision umzusetzen.

Was dann passierte, war verblüffend! Nachdem er seine Hausaufgabe konsequent durchgeführt hatte, kamen ihm nach wenigen Tagen plötzlich Ideen wie aus dem Nichts. Die erste war, dass er zweimal die Woche mit Hunden aus dem Tierheim Gassi ging. Es machte ihn so glücklich, dass Freunde und Bekannte ihn kurze Zeit später auf seine gute Stimmung ansprachen. Er erzählte so voller Begeisterung von seiner Vision, dass einige von ihnen auch begannen, ab und zu mit Hunden aus dem Tierheim Gassi zu gehen. Plötzlich hatte er eine weitere Idee. Er gründete einen Verein, bei denen Menschen eine Patenschaft für Hunde übernahmen. Alles fügte sich wie ein Wunder zusammen! Es kam sogar ein Anwalt auf ihn zu, der kostenlos alle rechtlichen Rahmenbedingungen für diesen Verein regelte.

Und genau das ist, was passiert, wenn wir uns mit unserer Herzensvision verbinden: Das Universum öffnet seine Türen für Wunder! Du wirst Ideen aus dem Nichts haben, Menschen treffen, die dir bei deiner Vision helfen. Magie pur! Wir sind so kraftvolle Schöpferwesen! Wir müssen uns nur wieder mit dieser Schöpferkraft verbinden! Und das Bindeglied ist deine Herzensvision!

Bring deine Vision ins Leben

Der nächste große Schritt für dich ist also deine Vision. Nicht jeder von uns hat einen riesengroßen Auftrag mit in diese Inkarnation gebracht, bei dem es darum geht, Tausende Menschen zu erreichen. Es ist auch eine wunderschöne Vision, eine gute Mutter zu sein oder als Hobby zu nähen und damit Freunde und Bekannte zu erfreuen. Wichtig ist nur, dass du auf dem Dualseelen-Weg lernst, eins zu eins das zu leben, was in dir ist. Versteckst du dein Potenzial, so wird es dir das Leben immer wieder spiegeln, indem zum Beispiel die Beziehung mit dem Menschen, den du über alles liebst, auseinandergeht.

Was berührt und erfüllt dich bei dem Gedanken, es umzusetzen? Traditionell geht unsere Vision immer über unsere eigene Persönlichkeit hinaus. Tief in uns wollen wir alle die Welt zu einem besseren Ort machen und etwas zum großen Ganzen beitragen. In meiner langjährigen Arbeit mit Herzmenschen habe ich festgestellt, dass auffällig viele als Vision eine helfende Tätigkeit ausüben wollen, etwa mit therapeutischer Arbeit zu einem glücklichen Leben anderer beitragen, freiwillige soziale Tätigkeiten verrichten oder sich zum Beispiel um Tiere kümmern. Schreib dir deine Visionen unterhalb dieser Passage auf.

Wenn du eine Vision hast und sie in den Tiefen deiner Seele verankerst, wird dein Unterbewusstsein beginnen, für dich zu arbeiten, und das Universum öffnet seine Türen für Wunder. Und das tut es wirklich! Wenn du dich mit einer Vision verbindest, die deinem Herzen entspringt, beginnt die Magie. Das Universum merkt, dass du deinen Platz einnimmst, und wird dir helfen, sie ins Leben zu bringen. Ideen aus dem Nichts, magische Begegnungen, ein unerwarteter Geldsegen ... all das habe ich nicht nur bei mir, sondern bei vielen Menschen beobachten können, die ich betreue. Fang also jetzt an und bring deine Vision in dein Leben! Nimm dir Zeit und geh in dich. Find heraus, was deine Visionen sind, und schreibe sie dir auf.

Meine Visionen

Meine Vision bezüglich meiner Berufung ist (zum Beispiel »Ich möchte Menschen helfen, ein glückliches Leben zu führen«):

_____

_____

_____

Meine Vision bezüglich meiner eigenen Person ist (zum Beispiel »Ich nehme mich an, wie ich bin«):

_____

_____

_____

Meine Vision für meine Beziehung ist (zum Beispiel »Ich werde geliebt, so wie ich bin; mein Partner ist tiefgründig«):

_____

_____

_____

Ziele verfolgen

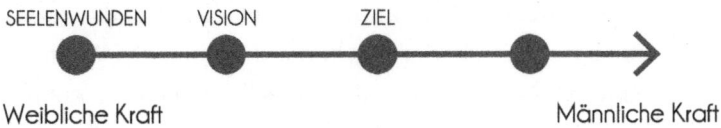

Erst einmal meinen Glückwunsch! Du hast deine Vision integriert und bist dadurch einen Riesenschritt nach vorn gegangen. Jetzt lass sie uns nach und nach auf die Erde bringen. Dabei helfen dir konkrete Ziele. Sie werden dich ins Handeln kommen lassen und sorgen dafür, dass du deine männlichen Anteile stärkst. Die männliche Kraft ist aktiv und zielgerichtet. Und das ist genau das, was du jetzt brauchst.

Lass uns nun drei Ziele für dich finden. Du brauchst ein kurzfristiges Ziel, das du in den nächsten vier Wochen erreichen möchtest, ein mittelfristiges, das du in den nächsten drei Monaten erreichen möchtest, und ein langfristiges, das du in den nächsten neun Monaten erreichen möchtest. Deine Ziele sollten folgende Attribute haben:

- zeitlich begrenzt,
- in der Gegenwart formuliert,
- positiv,
- messbar.

Wenn du zum Beispiel die Vision »Ich möchte Menschen helfen, ein glückliches Leben zu führen« und vielleicht auch schon Ausbildungen in therapeutischer Richtung absolviert hast, so könnte ein Ziel lauten: »Ich mache mich selbstständig und verdiene bis zum 30. November tausend Euro mit meiner eigenen Praxis.«

Natürlich muss es nicht unbedingt ein Ziel sein, das etwas mit Geld zu tun hat, aber es macht das Ziel messbar. Wenn du noch keine Ausbildung hast, aber dieselbe Vision, so könnte dein Ziel lauten: »Ich besuche bis zum 30. November drei Seminare im therapeutischen Bereich.«

Wichtig ist, dass du etwas findest, bei dem du nach vorn gehst und ins Handeln kommen musst, um es zu erreichen. Bitte schreib dir deine Ziele jetzt auf.

Meine Ziele

Mein kurzfristiges Ziel ist
(finde ein Ziel, egal ob beruflich, hobbymäßig oder persönlich, das du in den nächsten vier Wochen erreichen willst):

_____

_____

_____

Mein mittelfristiges Ziel ist
(finde ein Ziel, egal ob beruflich, hobbymäßig oder persönlich, das du in den nächsten drei Monaten erreichen willst):

_____

_____

_____

DER ZWEITE SCHLÜSSEL: VISION, ZIEL UND UMSETZUNG

Mein langfristiges Ziel ist
(finde ein Ziel, egal ob beruflich, hobbymäßig oder persönlich, das du in den nächsten neun Monaten erreichen willst):

_____

_____

_____

Keynotes: Visionen und Ziele

- Deine Mission ist dein »Warum« im Leben!
- Eine Vision, an die du glaubst, lässt dich deine Grenzen sprengen und deine Gaben in die Welt bringen.
- Deiner Vision zu folgen ist die beste Medizin gegen den Schmerz der Trennung, den du manchmal noch fühlst.
- Deine Vision, gepaart mit Zielen, lässt dich ins Handeln kommen und stärkt deine männliche Seite.
- Du wirst eine gute Balance finden, sodass du dich nicht mehr in so einer tiefen Liebe verlierst.
- Deine Ziele helfen dir, deine Vision nach und nach auf die Welt zu bringen.
- Formuliere deine Ziele positiv, zeitlich begrenzt, messbar und attraktiv.
- Jedes erreichte Ziel, das deiner Herzensvision entspringt, bringt dich der geliebten Liebe mit deinem passenden Partner näher.

Die Umsetzung

Du bist mit einem Potenzial geboren worden. Du bist mit Ideen und Träumen geboren worden. Du bist mit Größe geboren worden. Du bist mit Flügeln geboren worden. Du bist nicht zum Kriechen geboren. Also kriech nicht. Du hast Flügel. Lerne, sie zu gebrauchen, und flieg.

RUMI

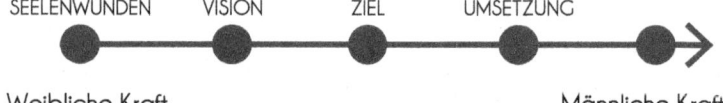

Es ist ein fantastisches Gefühl, eine Vision gefunden zu haben. Es gibt einem ein tiefes Empfinden von Sinnhaftigkeit und einen ungehörigen Antrieb, der von innen kommt. Grandiose Ideen können aus einer Vision entstehen, die dem Herzen entspringt. Setzt man sich bezüglich der Vision dann auch noch Ziele, werden die Dinge Schritt für Schritt realer. Du machst dir einen Plan, bis wann und wie genau du etwas umgesetzt haben möchtest. Doch was könnte jetzt noch fehlen? Genau, die Umsetzung an sich! Ohne sie werden die Vision und das Ziel nur Luftschlösser bleiben. In Luftschlössern festzuhängen ist übrigens eine der häufigsten »Krankheiten« der Herzmenschen bei Dualseelen. Sie sind oft sehr gut darin, sich grandiose Vorhaben auszusuchen, handeln jedoch oft nicht danach. »Ach ja, irgendwann werde ich meinen Job kündigen und eine eigene Praxis eröffnen. Davon träume ich jetzt schon so lange.« Diese und ähnliche Aussagen habe ich über die Jahre so oft gehört, man könnte ein eigenes Buch darüber schreiben. Das Schlimme ist, viele von ihnen haben bereits die nötigen Ausbildungen absolviert und hätten eigentlich alles, was sie bräuchten, um zu starten. Nur sie tun es nicht!

Als ich dann mit ihnen an ihren Themen arbeitete, kam häufig zum Vorschein, dass sie das tiefe Muster in sich hatten, zu glauben, das Leben »passiere« ihnen und sie hätten keinen Einfluss darauf. Ich half ihnen, diesen Glauben zu transformieren und sie mit der inneren Überzeugung zu verbinden, dass wir Menschen unglaublich machtvolle Schöpferwesen sind, die mit der Kraft der Vision und dem nötigen Handeln und Tun unser Leben mitbestimmen können. Dieses neue Mindset brachte immer eine erstaunliche Veränderung. Sie konnten dadurch ihre Verbindung zu ihrer männlichen Kraft stärken und endlich in die Umsetzung gehen.

> **Ein kurzer Vergleich der Dualseelen**
>
> Der Verstandesmensch neigt dazu, Zeit zu »schinden«, um sich nicht den tiefen Gefühlen stellen zu müssen.
> Der Herzmensch neigt dazu, Zeit zu »schinden«, um sich nicht zeigen zu müssen und in die Umsetzung zu gehen.

Ich kann mir gut vorstellen, dass dich die letzten Zeilen vielleicht noch etwas unsicher machen. Doch ich versichere dir, es wird auch bei dir funktionieren! Wenn du erst einmal deine Vision fest in dir verankert hast, ist die Umsetzung ganz nah.

Du ahnst gar nicht, wie sehr ich selbst damals noch blockiert war, als ich begann, mich beruflich auf Dualseelen zu spezialisieren. Existenzängste. Was werden meine Freunde und die Familie denken, wenn ich in so einem spirituellen Feld arbeite? Doch ich hatte bereits meine Vision fest in mir verankert. Sie trieb mich an, alle Blockaden zu lösen und einfach zu starten. Glaubst du, ich habe mich damals zu hundert Prozent bereit gefühlt? Zeitweise war ich selbst noch in tiefen Prozessen meiner eigenen Entwicklung, doch ich fing einfach an mit der Umsetzung. Hätte ich meinen Ängsten und Blockaden nachgegeben, würde ich heute noch davon träumen, mich irgendwann einmal selbstständig zu machen.

Durch die Entscheidung, in die Umsetzung zu gehen und mich zu zeigen, konnte ich über die Jahre so vielen Menschen helfen, denen ich sonst nicht hätte helfen können. Außerdem konnte ich mir über die Jahre so viel Erfahrung aneignen, die ich, wenn ich weiterhin nur davon geträumt hätte, nicht hätte sammeln können. Da ich mich damals überwand, mit der Umsetzung anzufangen, obwohl ich mich noch nicht ganz bereit fühlte, kann ich heute mit der gesammelten Erfahrung noch viel effektiver helfen. Es muss also noch nicht perfekt sein, fang einfach an! Der Feinschliff ergibt sich auf dem Weg.

Lass uns deshalb jetzt in die Umsetzung gehen! Sie ist die Schnittstelle zwischen Idee und Materie. Um deine Umsetzungsfähigkeit zu trainieren, schaust du dir das kurzfristige Ziel an, das du dir bereits notiert hast, und machst dir einen Plan mithilfe dieser Schritte:

1. Überprüfe, wo du in deinem Alltag freie Zeiten hast, um sie in die Umsetzung deines Ziels zu investieren, und markiere sie in deinem Kalender.

2. Versuch, dein Ziel in die kleinsten Handlungsschritte zu zerlegen, die du finden kannst, und notier sie dir.
3. Trag in die freien Zeit-Slots die Handlungsschritte ein, die du gefunden hast.

> **Beispiel für die Umsetzung eines Ziels**
>
> *Ziel:* »Ich werde bis Ende des Monats drei Kissen genäht haben, die ich an das Kinderheim spende.«
>
> *Umsetzung:*
> Montag, 9–11 Uhr: Stoff kaufen, Nähmaschine reparieren lassen
> Mittwoch, 17–19 Uhr: Kissen nähen
> Samstag, 11–12 Uhr: Übergabe der Kissen im Kinderheim

Es kann sehr gut sein, dass es sich für dich erst einmal mulmig anfühlt, diese Übungen durchzuführen. Aber bitte glaub mir, es lohnt sich! Wenn du es schaffst, die anfänglichen Hürden zu überwinden, und dann einfach dranbleibst, wird sich vieles für dich ins Positive wandeln. Zum einen richtest du deine Aufmerksamkeit noch mehr auf dich, und du denkst nicht mehr ganz so oft voller Schmerz an deine Dualseele. Zum anderen werden dich deine Freunde mehr respektieren, da du nicht immer zur Verfügung stehst. Du wirst attraktiver auf deine Außenwelt wirken, da Menschen, die voller Leidenschaft ihre Vision umsetzen, grundsätzlich strahlen. Und natürlich wirst du, wenn du etwas umsetzt, auch in der Liebe ein noch viel stärkerer Magnet. Denn in den letzten Jahren habe ich es immer wieder beobachtet und behaupte deswegen: *Jeder Schritt, den du in Richtung der Umsetzung deiner Vision gehst, bringt dich der gelebten Liebe mit dem Partner, der für dich bestimmt ist, einen Schritt näher.*

Der dritte Schlüssel: Fülle

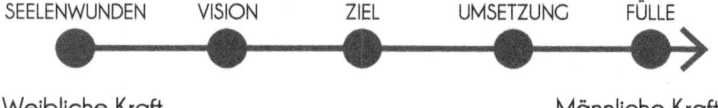

Ich hoffe, dieses Kapitel hat dich bisher überzeugt, Visionen und Ziele in dein Leben zu bringen. Bei meinen Klienten konnte ich stets eine enorme Entwicklung beobachten, als sie in die Umsetzung gingen. Plötzlich war ihre Dualseele nicht mehr jeden Morgen der erste Gedanke. Sie fühlten sich immer erfüllter und unabhängiger. Viele berichteten, dass sie es sich nach wie vor wünschten, mit diesem Menschen wieder zusammenzukommen, sich aber immer besser ein Leben ohne ihn vorstellen konnten.

Wenn du deine Vision in dein Leben bringst, bist du große Schritte in Richtung männliche Kraft und Lebensfreude gegangen. Jetzt sorgen wir dafür, dass du diese Leiter einmal komplett nach oben kletterst.

Ich spreche hier aber schon mal eine Warnung aus: Die nächsten Zeilen können bei dir ein äußerst unangenehmes Gefühl auslösen, sodass du eventuell am liebsten weiterblättern würdest. Das Thema »Fülle und Geld« ist traditionell ein Thema beim Herzmenschen, das gerne mal verdrängt wird. Meiner Erfahrung nach haben etwa drei Viertel meiner Klienten finanzielle Probleme und leben nicht in der Fülle. Viele von ihnen haben Geld noch nie einen großen Wert in ihrem Leben beigemessen. Doch immer, wenn ich sie genauer mit diesem Thema konfrontierte, mussten auch sie sich eingestehen, dass es eben doch wichtig ist. Am Ende des Tages leben wir noch in einer Welt, in der Geld eine große Rolle spielt. Es ist ein Schlüssel für Freiheit, Sicherheit und auch Leichtigkeit.

Wie gesagt, geht es für dich auf dem Dualseelen-Weg darum, das volle Spektrum der männlichen Kraft kennenzulernen, die pure Leichtigkeit und Lebensfreude. Allzu viele Herzmenschen haben diese Seite der Medaille jedoch nie wirklich kennengelernt. In ihrem Leben umgab sie bis dato immer ein leichter Schleier der Schwere. Ein permanentes gedämpftes Gefühl im Hintergrund. Kennst du das? Einige der Gründe haben wir schon in den vorherigen Kapiteln besprochen. Herzmenschen haben meist ihre »Antennen« auf ihre Mitmenschen ausgerichtet, sodass sie sich immer schwertaten, sich einmal auf sich und ihr persönliches Glück zu fokussieren.

All das wird sich mit der Überwindung der Seelenwunden und dem Leben deiner Vision ändern. Doch das letzte Quäntchen ist eben Fülle! Hast du schon mal versucht, dich leicht zu fühlen, als du nicht wusstest, wie du am Ende des Monats die Miete bezahlen sollst? Richtig, das ist fast unmöglich. Diese Zeilen wollen dich einladen, dich dem Thema Fülle und Geld zu öffnen. Auch ich hatte mein Leben lang Probleme damit. Aus unerklärlichen Gründen war bei mir aber immer gerade so viel auf dem Konto, dass es zum Überleben reichte. Alles änderte sich, als ich begann, meine Vision und Berufung zu leben. Menschen bezahlten mich voller Dankbarkeit, weil ich ihnen half. Nach und nach breitete sich ein wundervolles Gefühl in mir aus, Geld dadurch zu verdienen, dass ich anderen helfe. Immer mehr Fülle kam in mein Leben, und ich war schließlich sogar in der Lage, soziale Projekte zu unterstützen. Und genau das wartet auch auf dich! Wir Menschen sind unglaublich machtvolle Wesen. Wahre Schöpfer!

Diese Macht, unsere Realität zu kreieren, kann sich jedoch auch negativ auswirken, wenn wir blockiert sind. Der Herzmensch ist meiner Erfahrung nach in keinem anderen Thema so blockiert wie bei diesem. Versteckte Glaubenssätze verhindern, dass der natürliche Fluss der Fülle zu ihm fließen kann. Ich bin der Meinung, dass Fülle unser Geburtsrecht ist, von dem sich leider die meisten innerlich abgetrennt haben. Der kleine Kreis von Menschen, der alles Geld der Welt hat, lässt uns an die Illusion von Mangel glauben und verbreitet Angst. Doch für dich ist jetzt die Zeit gekommen, dich aus diesem inneren Gefängnis zu befreien. Werde dir deiner Glaubenssätze bezüglich Geld und Fülle bewusst und schreib sie dir auf. Am Ende des Buchs wirst du dann sogar lernen, wie du sie mit der Ho'oponopono-Transformationstechnik sogar überwinden kannst.

Negative Glaubenssätze

Häufige negative Glaubenssätze zum Thema »Geld und Fülle« sind die folgenden:

- Geld ist schlecht.
- Ich habe Existenzangst.
- Ich habe es nicht verdient, in Fülle zu leben.

DER DRITTE SCHLÜSSEL: FÜLLE

- Das Geld zerrinnt mir zwischen den Fingern.
- Ich bin neidisch auf andere, die mehr haben als ich.
- Geld und Spiritualität lassen sich nicht vereinen.
- Wenn ich Geld habe, wenden sich alle von mir ab.
- Geld verdirbt den Charakter.
- Wenn ich etwas habe, wird es mir sowieso wieder genommen.
- Ich darf mir nichts gönnen.

Schreib nun zehn negative Glaubenssätze auf, die du zum Thema »Geld und Fülle« hast:

_____

_____

_____

_____

_____

_____

_____

_____

_____

_____

Wenn du hier fleißig bist und die Themen löst, die dich noch blockieren, so kann der natürliche Fluss der Fülle endlich wieder zu dir finden. Die Ho'oponopono-Technik, die du am Ende des Buches lernen wirst, wird dir dabei helfen. Die Liste der verblüffenden Erfolgsgeschichten, die mir Klienten mitteilten, welche dieses Thema meisterten, ist endlos. Unerwartete Erbschaften, geschenkte Immobilien, überraschende Jobangebote ... Der Kreativität des Universums sind keine Grenzen gesetzt.

Wenn du die Aufgaben dieses »Schlüssels« gemeistert hast, kann ich nur meinen Hut vor dir ziehen. Du hast Unglaubliches geleistet und kannst sehr stolz auf dich sein. Ein komplett neues Lebensgefühl wird sich in dir ausbreiten. Voller Lebenslust wirst du deinen Alltag bestreiten. Die Gedanken an den Menschen, den du über alles liebst, dominieren nun nicht mehr deinen Alltag. Die Liebe wird immer noch da sein, aber sie wird sich immer freier und ohne Sehnsucht getrübt anfühlen. Es ist ja auch leicht nachvollziehbar: Wenn du auf einmal selbst alles in dir hast, was könntest du dann vermissen? Das ist die Essenz von wahrer Liebe, die nichts erwartet und die du nun immer mehr fühlen wirst.

Es war ein intensiver, steiniger Weg, den du bis hierhin gegangen bist, und ich habe gute Nachrichten für dich: Ab jetzt wird es leichter! Der letzte Schlüssel wird dir wie ein Kinderspiel vorkommen.

> **Keynotes: Fülle**
> - Fülle ist eigentlich unser natürlicher Zustand und unser Geburtsrecht, von dem wir uns innerlich abgetrennt haben.
> - Sehr viele Herzmenschen haben massive Blockaden zu den Themen »Erfolg« sowie »Geld und Fülle«.

- Wer die inneren Blockaden bezüglich Fülle transformiert, verbindet sich mit dem natürlichen Fluss der Fülle zurück.
- Wahre Wunder können passieren, wenn du dich wieder in diesem Zustand befindest.
- Fülle ist eine wichtige Quelle für Lebensfreude. Lebst du sie nicht, wird dich immer noch ein unterschwelliges Gefühl der Schwere begleiten.
- Fülle fließt über. Du als Herzmensch wirst deine wahre Freude dabei haben, deine Fülle mit anderen zu teilen.

Mach als zusätzlichen Antrieb eine Liste mit den Dingen, die du anderen schenken willst, wenn du in Fülle bist.

Der vierte Schlüssel: Yin-Yang-Balance

Mit dem Eintauchen in die Fülle bist du die Leiter Richtung männliche Kraft einmal komplett nach oben gegangen. Eine schöne und auch wichtige Entwicklung! Jetzt geht es für dich darum, die neu entdeckte männliche Kraft in dir mit der weiblichen Seite zu verbinden. Wir Menschen sind schon sehr verblüffende Wesen. Da wirken doch tatsächlich zwei komplett gegensätzliche Kräfte in uns, die sich auf magische Weise ergänzen und ein Ganzes ergeben: unsere Yin- und Yang-Kräfte, von denen schon die Rede war – weiblich und männlich, Herz und Verstand. Wenn wir es schaffen, diese polaren Energien in uns auszubalancieren, fühlen wir uns wahrhaftig erfüllt.

Unser Leben verläuft in Rhythmen. Mal konzentrieren wir uns voll auf unsere Berufung und sind im Verstand (männliche Kraft) und mal liegen wir unserem Partner in den Armen und baden genüsslich in Gefühlen (weibliche Kraft). Diese zwei Seiten der Medaille, die eins ergeben, in Balance zu bringen erfordert viel Achtsamkeit und auch ein gewisses Training. Aber es lohnt sich! Nicht nur, dass du dich von innen heraus so ganz und glücklich fühlen wirst wie nie zuvor. Auch für eine Partnerschaft ist es enorm wichtig, dass du ausbalanciert bist. Denn es ist ein Gesetz, dass die Dualseele immer das ausgleicht, was in uns nicht im Gleichgewicht ist. Das heißt, sind wir über einen längeren Zeitraum nur in der weiblichen Kraft unterwegs, zeigt uns das unsere Dualseele, indem bei ihr die männlichen Kräfte stark überwiegen und sie plötzlich nichts mehr von Gefühlen wissen will. Das Leben strebt eben immer nach Ganzheit. Bring also jetzt deine Yin-Yang-Balance in dein Leben! Es ist leichter, als du denkst. Es braucht nur etwas Training. Hierfür habe ich eine wundervoll einfache Übung für dich.

Übung: Entwickle Achtsamkeit für den Rhythmus deiner Yin-Yang-Balance

Aufgrund unserer Prägungen läuft unser Leben meist wie auf Autopilot, sodass wir Dinge tun, die wir tief in uns gar nicht wollen. Herzmenschen haben zum Beispiel oft das Problem, für ihre Mitmenschen immer verfügbar zu sein. Entwickle ein Bewusstsein dafür, was für dich gerade dran ist, und handle danach. Willst du wirklich mit auf die Party am Wochenende gehen, oder hast du das Gefühl, dass dir eher etwas Ruhe guttäte? Möchtest du dich mit deiner Freundin treffen, um ein weiteres Mal ein offenes Ohr für die ewig gleichen Themen zu haben, oder willst du dich vielleicht in diesem Moment lieber um dich und deine Berufung kümmern?

Herzmenschen neigen dazu, zu glauben, sie seien egoistisch, wenn sie anderen immer öfter auch mal ein Nein geben. Genau das ist jedoch enorm wichtig und bringt viele Vorteile mit sich. Wenn du auch mal Nein sagst, kannst du dich um dich selbst kümmern und auftanken. Dann bekommst du automatisch auch wieder Lust, ab und an nach draußen zu gehen und für deine Mitmenschen da zu sein, anstatt permanent zur Verfügung zu stehen, auch wenn du das eigentlich nicht möchtest, und dabei noch energetisch auszubluten. Außerdem macht ein Nein attraktiv! Du wirst erleben, dass du viel mehr wertgeschätzt wirst, wenn du auf dich achtest und dich auch mal abgrenzt. Manche deiner Freunde werden das nicht schätzen, aber dann solltest du sie gehen lassen.

Nach einiger Eingewöhnungszeit wird sich dein persönlicher Yin-Yang-Rhythmus durch diese »Übung« einspielen und einen festen Platz in deinem Leben einnehmen!

> **Keynotes: Balance**
> - Wir Menschen sind Wunder! Zwei komplett gegensätzliche Kräfte (männlich/weiblich) wirken in uns und ergänzen sich auf magische Weise.
> - Wir fühlen uns als Menschen nur tief erfüllt, wenn wir beide Kräfte ausbalancieren.
> - Die Dualseele zeigt uns immer ganz deutlich, wenn wir eine der beiden Kräfte vernachlässigen. Find schon jetzt deine Balance und du wirst eine harmonische Beziehung führen!

Die vier Schlüssel und das Baummodell

Um dir die vier goldenen Schlüssel auf dem Dualseelen-Weg noch einmal anschaulich zu machen, lass uns einen Vergleich zur Natur ziehen. Der Mensch findet schon immer einleuchtende Antworten, wenn er in die Natur blickt. Sie macht uns vor, wie perfekte Harmonie und natürliches Wachstum aussehen können.

Nehmen wir hierzu einmal die Welt der Bäume unter die Lupe. Damit ein Baum wachsen kann, braucht er tiefe Wurzeln. Lange Zeit verbringt er damit, sein Wurzelwerk auszubilden und tief in der Erde zu verankern. Dabei bleibt er unter der Oberfläche, geht in die Tiefe und operiert »im Dunkeln«. Wurde diese Phase erfolgreich absolviert, ist er in der Lage, genug Stabilität zu haben und ausreichend Nährstoffe aufzunehmen, um in die Höhe zu wachsen.

Ähnlich ergeht es dir auf deinem Dualseelen-Weg, wenn du beginnst, deine Seelenwunden zu überwinden. Du gehst in die Tiefe, indem du in dein Unterbewusstsein eintauchst und mutig das, was ganz unten verdrängt auf Erlösung wartet, integrierst. Indem du diese Schattenarbeit leistest – also die dunklen Seiten integrierst –, operierst auch du »im Dunkeln«.

Gleichzeitig bildest du mit deinem heldenhaften Unterfangen tiefe Wurzeln aus. Mehr und mehr bist du in dir selbst stabil wie ein Fels in der Brandung. Ähnlich wie ein Baum, der ohne Wurzeln nicht nach oben wachsen kann, brauchst auch du starke Grundlagen. Du kannst noch so oft versuchen, im Leben nach vorn zu gehen, ohne diese Basis wird es dich immer wieder zurückwerfen.

Mit starken Wurzeln wachsen und Früchte tragen

Hat ein Baum erst einmal starke Wurzeln gebildet, kann er nach oben wachsen. Er wird sichtbar und erblickt das Licht. Mit der Kraft und der Stabilität, die er aus den Wurzeln zieht, kann er mehr und mehr einen mächtigen Stamm bilden und stetig größer werden.

Genau diesen wundervollen Vorgang erreichst du, wenn du deine Vision in dein Leben bringst. Mit der Energie, die du aus der Überwindung deiner Seelenwunden hast, beginnst auch du, einen immer stärkeren Stamm auszubilden. Mit der Kraft deiner Vision wirst du wie der Baum immer sichtbarer und wächst stetig nach oben.

Der Tag wird kommen, an dem der Baum derart starke Wurzeln gebildet hat und einen Stamm, der genug Kraft in sich trägt, dass er Früchte trägt. Ein fantastisches Ereignis. Sinnbildlich erreicht der Baum seinen Höhepunkt, indem er blüht und Früchte bildet. Da ein Baum Teil des großen Ganzen ist, schenkt er diese Früchte der Welt, die dann als Nahrung für andere dienen und ihnen wiederum helfen, zu wachsen.

Was für ein magischer Vergleich! Wenn auch du deine Vision mutig in die Welt trägst, wirst du ebenfalls erleben, dass sie Früchte trägt. Das Universum wird dich reich belohnen. Da deine Vision, selbst wenn sie in noch so kleinem Rahmen geschieht, immer anderen Menschen zugutekommt, sodass auch sie wachsen können oder glücklicher werden, wird das Leben dich immer unterstützen. Außerdem wird sich auch für dich Fülle in deinem Leben einstellen.

Der Baum im Rhythmus der Natur

Wenn die Früchte vom Baum gefallen sind, bereitet sich der Baum auf die nächste Phase vor. Der Winter naht. Er beginnt, seine Blätter abzuwerfen und die Energie von den Ästen in seinen Stamm und die Wurzeln zu konzentrieren. Er kommt zur Ruhe und bereitet sich auf den nächsten Frühling vor.

Auch du bist den natürlichen Rhythmen des Lebens unterworfen, und ein großes Ziel deiner Seele ist, den perfekten Rhythmus aus Aktivität und Entspannung zu finden. Deine Yin- und Yang-Kräfte wollen ausbalanciert werden. Auch du wirst vom Leben immer wieder aufgefordert werden, zur Ruhe zu kommen, Innenschau zu betreiben, um dann mit neuer Kraft und neuen Ideen wieder hinaus in die Welt zu gehen und sie am Ende mit neuen »Früchten« zu beglücken.

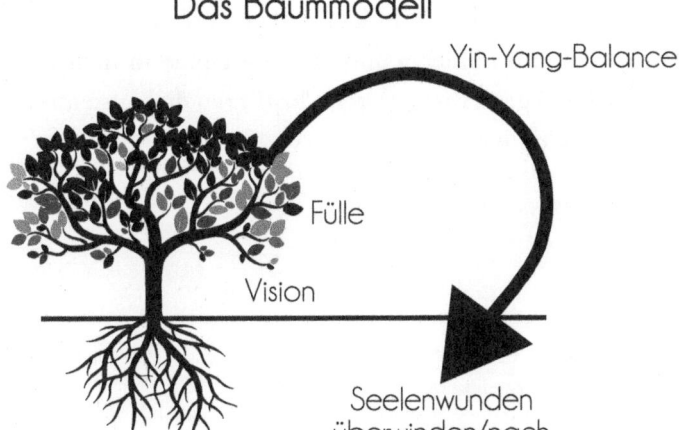

Du bist ein Meister!

Was du jetzt bitte unbedingt tun solltest: Feiere dich! Wenn du an diesem Punkt angekommen bist, hast du Unglaubliches geleistet, und glaub mir, du wirst reichlich dafür belohnt werden! Warum? Nun, es ist so: Unser ganzes Leben ist ein Spiegel, der uns einlädt, uns selbst darin zu erkennen und ganz zu werden. Je weiter unsere Seele entwickelt ist, desto deutlicher wird der Spiegel und desto leidvoller können manche Lebensphasen sein. Und eins ist klar. Viel leidvoller, als eine Dualseelen-Verbindung zeitweise sein kann, wird es nicht. Wenn du dich so mutig durch diese Zeit durchkämpfst, wirst du mehr und mehr zu dem Spiegel, in den du die ganze Zeit geblickt hast, bis du schließlich mit ihm verschmilzt. Wenn du zum Beispiel deine Verlassenheitswunden mit der Ho'oponopono-Technik transformierst, brauchst du auf einmal niemanden mehr, der sie dir spiegelt, indem er dich verlässt. Das Schicksal wird dir nun immer wundervollere Dinge in dein Leben bringen, da du ganz du geworden bist! Freu dich also auf eine Zeit voller Wunder und Glück!

Dein Weg der Bewusstwerdung

Wir befinden uns hier auf der Erde in einer Reise durch das Bewusstsein. Wenn wir längere Zeit einen Weg gehen, der nicht unserer ist, beginnen wir, zu leiden. Dieser Leidensdruck ist das Mittel, das unserer Seele zur Verfügung steht, um uns darauf aufmerksam zu machen, dass wir nicht auf Kurs sind. Sie meldet sich so lange und immer deutlicher zu Wort, bis wir unsere Lektion gelernt haben. Durch Leid entsteht also Bewusstsein. Wenn man es aus dieser Perspektive betrachtet, hast du dich mit deiner Dualseelen-Begegnung für sehr viel Bewusstwerdung entschieden, schließlich leidest du stark.

Die gute Nachricht lautet jedoch, dass Leid nicht der einzige Weg ist, um sich gewisser Zusammenhänge bewusst zu werden. Und hier kommt das Wunder der Evolution ins Spiel. Schon immer gab es Menschen, die vor anderen bestimmte Wege gegangen sind, um sie anschließend mit auf die nächste Stufe zu nehmen. Nehmen wir wieder das Beispiel Auto fahren: Stell dir vor, du hättest damals ganz allein lernen müssen, wie man Auto fährt. Wie lange und wie sehr hättest du dich abgemüht, zu lernen, wie man Auto fährt und die Verkehrsregeln beachtet? Stattdessen hattest du einen Fahrlehrer, der dir Schritt für Schritt zeigte, wie es geht, sodass du schon nach relativ kurzer Zeit für den Straßenverkehr bereit warst. Bewusstsein kann man auch im Hinblick auf den Dualseelen-Weg erlangen, indem man von anderen lernt, die die Situation bereits gemeistert haben. Tief in uns wollen wir Menschen uns gegenseitig immer beim Wachstum helfen, die meisten haben es nur leider vergessen.

Übrigens beobachte ich ein ähnliches Phänomen der Evolution auch in meiner Arbeit. Als ich vor vier Jahren begann, Dualseelen zu betreuen, dauerten die Prozesse, bis ich bei jemandem eine deutliche Veränderung sah, durchschnittlich acht bis neun Monate. Heute, nachdem ich über die Jahre sehr viel Erfahrung habe sammeln können, vermag ich meinen Klienten deutlich effizienter zu helfen. Meistens erleben sie schon innerhalb von ein bis zwei Monaten ihren Durchbruch. Manchmal kann ich es selbst kaum glauben. Du hast also Glück. Mit dem Wissen, das dir hier vermittelt wird, kannst du dir sehr viel Zeit und Leid ersparen. Das ist auch der Grund, warum ich dir jetzt gern noch ein paar typische Stolpersteine auf dem Dualseelen-Weg erläutern möchte, damit du erst gar nicht stolpern musst.

Typische Stolpersteine auf dem Dualseelen-Weg

Loslassen

Das Wort »loslassen« ist eines der beliebtesten in der Spiritualität. Wie oft hört man: »Lass einfach los«? Klingt so einfach, aber wie lasse ich denn los, und was bedeutet es denn überhaupt loszulassen? Viele denken, dass es dabei darauf ankommt, den anderen vergessen zu müssen. Das ist aber nicht das, worum es geht. Beim Loslassen geht es erst einmal darum, an den Punkt zu kommen, die Situation, wie sie gerade ist, in der Tiefe zu akzeptieren. Sich mit dem Gedanken anzufreunden, dass man keine Kontrolle über den Ausgang der Sache hat, und volles Vertrauen ins Universum zu entwickeln, dass es das für uns Beste liefern wird. Wenn du loslassen willst, heißt das also nicht, dass du dich gegen die Liebe zu deiner Dualseele stellen musst. Denn es kann ja niemals etwas falsch daran sein, jemanden zu lieben. Es kommt immer nur auf den richtigen Umgang mit der Liebe an. Und diese Liebe ist zu Beginn eben noch sehr getrübt von Angst, Eifersucht, Bedürftigkeit und so weiter.

Wenn du also ins Loslassen kommen möchtest, so frag dich als Allererstes: Was verhindert jetzt noch, dass ich die Situation, wie sie nun ist, in der Tiefe akzeptieren kann? Typische Emotionen, die sich dann zeigen, sind zum Beispiel die folgenden:

- Ich habe Angst, ihn nie wiederzusehen.
- Ich habe Angst, dass er eine andere hat.

- Ich bereue, dass ...
- Ich gebe mir die Schuld für ...

Geh nun in dich und schreib unten all die Emotionen auf, die derzeit noch verhindern, dass du die augenblickliche Situation akzeptieren kannst. Am Ende des Buches wirst du dann sogar noch lernen, wie du mit der äußerst effektiven Ho'oponopono-Transformationstechnik all die Emotionen und Glaubenssätze, die du dir im Verlauf des Buches notieren wirst, gleich auch noch lösen kannst. Freu dich also darauf, hier nicht nur Wissen zu erlangen, sondern in deiner Entwicklung auch große Schritte vorwärtszugehen.

Meine Emotionen, die eine Akzeptanz der Situation verhindern
_____
_____
_____
_____
_____

Bedingungslose Liebe

Ein weiterer Begriff, dem man oft begegnet, wenn man sich mit dem Thema »Dualseelen« beschäftigt, ist »bedingungslose Liebe«. Ähnlich wie beim Loslassen wird oft missverstanden, was damit gemeint ist. Um dir deutlich zu machen, was bedingungslose Liebe ist, lass uns damit beginnen, was sie nicht ist.

Wenn man jemanden bedingungslos liebt, so heißt das keinesfalls, dass man alles über sich ergehen lassen und immer offen für den anderen sein muss, egal, was passiert. Ich erkläre es dir einmal an einem drastischen Beispiel: Kaum eine Liebe ist tiefer und reiner als die zum eigenen Kind. Seit es das erste Mal das Licht der Welt erblickte, hast du voller Liebe Verantwortung für dieses Wesen übernommen. Du willst nur das Beste und liebst es bedingungslos. Stell dir nun vor, dass dein Kind als Teenager auf die schiefe Bahn gerät, drogensüchtig wird und völlig die Kontrolle verliert. Geblendet von seiner Sucht, fängt es an, dich zu bedrohen, und wird gewalttätig. Was tust du?

Ein gesunder Mensch würde hier die Grenze ziehen. Schon allein aus Selbstliebe heraus würdest du nicht zulassen, dass dein Kind Gewalt an dir ausübt. Angenommen, die Situation spitzt sich zu und dein Leben wird von deinem eigenen Kind mit bedroht. Wahrscheinlich würdest du dann sogar die Polizei rufen, um dich zu schützen. Endet dadurch die Liebe zu deinem Kind? Nein! Du würdest es weiter lieben und dafür beten, dass es den richtigen Weg wiederfindet.

Ich weiß, dass dies ein sehr drastisches Beispiel ist, aber es soll verdeutlichen, dass es hier auf dieser Welt Grenzen gibt.

Auch bei deiner Dualseele. Viele tappen immer wieder in die Falle, zu glauben, sie müssten einfach alles schlucken, was der andere tut. Bedingungslose Liebe beginnt vor allem bei der Selbstliebe und den eigenen Werten. Wenn jemand deine Grenzen deutlich überschreitet, solltest du sie immer deutlich für ihn dicht machen, auch wenn es sich um die Liebe deines Lebens handelt. Lieben darfst du ihn natürlich weiterhin. Jemanden zu lieben und ihn auch in seinem Leben zu haben sind jedoch zwei Paar Schuhe.

Freundschaft mit der Dualseele

Dies ist einer meiner »Lieblings-Stolpersteine«. Du glaubst gar nicht, wie oft ich schon erlebt habe, dass Betroffene eine Freundschaft mit ihrer Dualseele akzeptierten. Wenn ich an diesen Stolperstein denke, kommt mir gleich eine Klientin in den Sinn, die ich vor drei Jahren betreute. In unserer ersten Sitzung erklärte sie mir, dass sie nun mit ihrer Dualseele befreundet sei. Sie war sich sicher, dass er auf diesem Weg Vertrauen fassen und lernen würde, sich der Liebe zu öffnen. Sie hatte sogar ein Angebot für ihren absoluten Traumjob abgelehnt, da der Arbeitsplatz in einer anderen Stadt gewesen wäre und sie unbedingt vor Ort sein wollte, wenn er sich endlich für sie entschiede.

Als ich meine Bedenken bezüglich ihrer Entscheidung äußerte, war sie nicht wirklich aufnahmebereit, da sie so davon überzeugt war. Sie brach daraufhin auch erst einmal den Kontakt zu mir ab. Einige Wochen später klingelte jedoch das Telefon, und sie erzählte mir unter Tränen, was passiert war.

Sie hatte ihren Plan weiterverfolgt und war mit ihrer Dualseele befreundet. Eines Abends rief ihre Dualseele sie ganz aufgeregt an und fragte sie, ob sie sich treffen könnten, da er ihr unbedingt etwas Wichtiges mitteilen wollte. Sie sagte voller Begeisterung zu und dachte sich: Endlich ist es so weit, er wird mir seine Liebe gestehen. Ganz nervös ging sie zum Treffen in das verabredete Restaurant. Es vergingen kaum fünf Minuten, da offenbarte er ihr seine Neuigkeit: »Stell dir vor, ich werde heiraten!« Sie bekam daraufhin natürlich den Schock ihres Lebens, verließ tränenüberströmt das Restaurant und verstand die Welt nicht mehr.

Als sie mir dieses Erlebnis erzählte, war ich nicht überrascht. Sie hatte ihre innere Wahrheit ignoriert, dass die Gefühle viel zu stark für Freundschaft sind und sie es nur ertragen hat, weil sie dachte, dass sie über die freundschaftliche Verbindung in eine Beziehung finden. In all den Jahren, in denen ich Dualseelen betreue, ist mir bisher kein Fall bekannt geworden, der über eine Freundschaft in eine Beziehung überging. Das Leben spiegelt einem immer ganz deutlich, wenn man gegen seine innere Wahrheit angeht. Und für die allermeisten wurde – spätestens als sie ihre großen Ängste, ihre Dualseele für immer zu verlieren, losgeworden waren – klar, dass Freundschaft für sie absolut nicht stimmig ist.

Zusätzlich ist bei dem Part, der erst einmal die Flucht ergreift, tendenziell eines der Hauptthemen die Angst, die Kontrolle zu verlieren. Auf dem Weg versuchen sie meist, sich mit dem Kontakt innerlich zu beruhigen, noch die Kontrolle zu haben. Sie ziehen dadurch Kraft, sich nicht ihrer Gefühlswelt stellen zu müssen.

Freundschaft zu akzeptieren ist, wenn du eigentlich mehr empfindest, also kraftraubend und spielt deinem Gegenüber sogar noch in die Karten. Falls du dich in diesem Dilemma wiederfindest und Freundschaft akzeptiert hast, ist der beste erste Schritt auch hier, in dich zu gehen und zu überprüfen, welche Emotionen und Glaubenssätze verhindern, dass du keine Freundschaft akzeptierst. Schreib sie dann im Folgenden auf, zum Beispiel:

- Wenn ich die Freundschaft beende, vergisst er mich.
- Ich habe Angst, dass er dann erst recht mit jemand anderem zusammenkommt.

Emotionen und Glaubenssätze, die verhindern, dass ich keine Freundschaft akzeptiere

_____

_____

_____

_____

Kontrolle auf Facebook, WhatsApp & Co.

Es ist nicht leicht für dich. Als sich deine Dualseele von dir zurückzog, hat sie ein Riesenloch bei dir hinterlassen. Von jetzt auf gleich ohne die Liebe seines Lebens zu sein ist hart, keine Frage! Die Gedanken kreisen. Wie geht es ihm wohl ohne mich? Was macht er jetzt? Die Ungewissheit treibt einen zu Beginn regelrecht in den Wahnsinn. Was also tun? Für viele ist hier die Antwort: Social Media. Okay, zugegeben, auch ich habe in der ersten Zeit nach der Trennung von meiner Dualseele immer wieder geschaut. WhatsApp: Ist sie gerade online? Hat sie ein neues Profilbild? Facebook: Was hat sie heute gepostet? Sieht sie traurig aus?

Für mich war es der letzte Strohhalm, an dem ich noch festhalten konnte. Automatisch interpretierte ich jedes Bild, das ich sah, zu meinen Gunsten, um mich insgeheim zu beruhigen. Wenn sie auf einem Bild lachte, sagte ich mir: Oh, sie trägt eine Maske, ihr geht es sicher schlecht. Wenn sie auf einem Bild ernst blickte, dachte ich: Ah, sie leidet sicher. Irgendwann, als ich von meinem eigenen Verhalten genervt war, kam ich mir selbst auf die Schliche. Ich schaute immer und immer wieder, um doch nicht die tiefen Schmerzen zu fühlen, sie vielleicht doch endgültig verloren zu haben. Eine perfekt getarnte Vermeidungsstrategie. Während ich mich selbst zum Glück schon nach wenigen Monaten befreien konnte, so beobachtete ich jedoch bei meinen Klienten, dass sie teilweise schon jahrelang dieses Verhalten an den Tag legten. Auch sie klammerten sich krampfhaft an diesem letzten Strohhalm fest. Und wenn es nur eine Kleinigkeit zu sein scheint. Bis zuletzt lässt man mit diesem Verhalten nicht los und befindet sich in einer Vermeidungsstrategie. Falls du dich auch noch öfter beim »Stalken« ertappst, ist das Beste, was du jetzt tun kannst, Folgendes: Schreib auch hier wieder all die Emotionen und Glaubenssätze auf, die bei dem Gedanken hochkommen, es sein zu lassen. Zum Beispiel: »Ich habe Angst, die Kontrolle zu verlieren.«

Emotionen und Glaubenssätze, die verhindern, dass ich keine Social Media mehr beobachte

Eine Affäre mit der Dualseele

Lass mich dir nun einen der häufigsten Stolpersteine auf dem Dualseelen-Weg vorstellen. Oft passiert es, dass, wenn sich Dualseelen treffen, eine oder beide noch anderweitig vergeben sind. Obwohl sich jeder von ihnen meist für einen treuen Menschen hält, können sie häufig nicht anders, als sich der übergroßen Anziehung hinzugeben. Sie landen in einer Affäre.

Am Anfang fühlt sich das noch wunderschön an, aber schon bald beginnen so gut wie alle, darunter zu leiden. Sie merken nicht nur, dass da eigentlich viel mehr ist. Das Gegenüber des Herzmenschen zieht sich mehr und mehr zurück und ist emotional immer weniger greifbar. Die Abstände, in denen die Treffen stattfinden, werden größer. Die gemeinsam verbrachte Zeit verstreicht immer oberflächlicher. Die Energie kippt, da sich viele nicht eingestehen, dass es für sie viel mehr als nur eine Affäre ist. Sie hören nicht auf ihre innere Wahrheit. Viel zu groß ist vor allem bei Herzmenschen noch die Angst, das bisschen Liebe und Aufmerksamkeit, das sie doch noch bekommen, auch zu verlieren. Sie glauben, sich mit dem Einverständnis, eine Affäre zu leben, für den anderen wertvoll zu machen, sodass er sich irgendwann doch ganz für sie entscheidet. Doch ähnlich wie bei der Freundschaft mit der Dualseele wird das ziemlich sicher nicht geschehen. Man hält damit lediglich den Teufelskreis aufrecht, da das Gegenüber unbewusst über die Sexualität »auftankt«, also Energie abzieht. Wie du ja schon weißt, ist der Verstandesmensch bis zuletzt daran interessiert, die Kontrolle zu behalten, um sich nicht seiner Gefühlswelt stellen zu müssen. Wenn du dich gerade in einer Affäre mit deiner Dualseele befindest und merkst, dass dir das eigentlich gar nicht guttut, ist auch hier der erste Schritt, dich mit den belastenden Gefühlen und Glaubenssätzen auseinanderzusetzen, die in dir hochkommen. Trag sie wieder ein, um sie später mit der Ho'oponopono-Technik zu lösen.

> **Emotionen und Glaubenssätze, die verhindern, dass ich die Affäre beende**
>
> _____
>
> _____
>
> _____
>
> _____

Mit unbeteiligten Freunden über Dualseelen reden

Kann ein Mensch einen Astronauten wirklich verstehen, wenn dieser versucht, zu erklären, wie es sich auf dem Mond anfühlt? Eher nicht. Kann ein Mensch jemanden, der eine Dualseelen-Begegnung hatte, wirklich verstehen, wenn er es nicht selbst erlebt hat? Wohl kaum.

Ich kann mich noch gut an meine ersten Wochen nach der Trennung erinnern. Am Boden zerstört, telefonierte ich sämtliche Freunde und Bekannte ab in der Hoffnung auf Verständnis und Trost. Wenn ich genau darüber nachdenke, so wollte ich damals eigentlich nur von ihnen etwas hören wie: »Das wird schon wieder. Sie liebt dich doch.« Recht schnell bemerkte ich, dass keiner von ihnen eine befriedigende Antwort für mich hatte und alle mehr oder weniger dieselbe Botschaft überbrachten. »Du wirst schon sehen, bald hast du sie vergessen. Du wirst sicher jemand anderen finden.«

Diese Phrasen hätten unbefriedigender nicht sein können. Meine Freunde hatten keine Ahnung, wie ich mich fühlte. Ich hatte das Gefühl, an Liebeskummer zu sterben. In mir existierte nicht einmal ansatzweise die Vorstellung, jemand anderen an meiner Seite haben zu können. Allumfassend und unendlich stark war meine Liebe zu ihr und damals auch das Leid. Da mich keiner zu verstehen schien, fühlte ich mich schlecht, als wäre etwas nicht in Ordnung mit mir. Vor Liebeskummer und Ängsten zu zerfließen hatte mich schon genug Energie gekostet. Mich dann noch immer mehr vor meinen Freunden erklären zu müssen raubte mir die letzte Kraft. Am Ende traf ich die Entscheidung, mit niemandem mehr in der Tiefe darüber zu reden, der mich nicht verstand.

Mit diesem Entschluss konnte ich viel kraftvoller meinen Weg weitergehen. Ich kann dir wirklich nur empfehlen, es ähnlich zu tun. Du bist auf dem herausforderndsten Weg deines Lebens. So viel wird dir abverlangt, und immer wieder kommst du an deine Grenzen. Wenn du deine sowieso schon geringen Kraftreserven auch noch darauf verwenden musst, dich vor Freunden und Bekannten zu rechtfertigen oder erklären zu müssen, so kann es dir den Rest geben! Das bedeutet natürlich nicht, dass du zwingend den Kontakt zu ihnen abbrechen sollst. Achte nur darauf, wem du was erzählst. Sobald du auf Ablehnung oder Unverständnis stößt, spar dir lieber deine Kräfte. Idealerweise findest du eine Person, die das Gleiche erlebt hat und auch die Verantwortung für ihren Weg übernimmt. Ihr könnt euch dann wunderbar austauschen und euch gleichzeitig gegenseitig motivieren, eure Lernaufgaben zu meistern.

Mitleid mit deiner Dualseele

Eine der verstecktesten Fallen, in die man auf dem Dualseelen-Weg tappen kann, ist Mitleid. Deine Dualseele hat in der Vergangenheit wahrscheinlich viel mitgemacht. Ihre Gefühle wurden verletzt oder sie hat bereits in der Kindheit gar keine Liebe und Nähe erfahren. Auch frühere Beziehungen waren mit ziemlicher Sicherheit enttäuschend für sie. Und natürlich ist es nur logisch, dass sie dich erst einmal wegstößt und eine Schutzmauer aufbaut. Da du sie so sehr liebst, ist es auch nur menschlich, dass du sie verstehst.

Doch jetzt sage ich dir etwas sehr Wichtiges: Verwechsle nicht Mitgefühl mit Mitleid! Doch wo ist der Unterschied? Wenn du Mitgefühl empfindest, dann bringst du für dein Gegenüber ein tiefes Verständnis auf, lässt es jedoch in seiner Selbstverantwortung und bleibst bei dir. Wenn du aber Mitleid empfindest, dann überschreitest du deine eigenen Grenzen und lässt den anderen eben nicht in der Selbstverantwortung.

Mitleid wirkt sich äußerst hinderlich auf deinen Dualseelen-Weg aus. Ein Beispiel: Angenommen, du warst in einer Beziehung mit deiner Dualseele, und der andere hat es mit den Worten beendet, er habe Angst, dass er verletzt werde und du ihm zu nahe kommst. Du erfährst, dass er sich nun von der Liebe zu dir ablenkt, indem er fünf Affären gleichzeitig hat. Empfändest du nun Mitleid, so würdest du den Fakt, dass es dich unglaublich verletzt, wenn die Liebe deines Lebens mit so vielen anderen Frauen verkehrt, ignorieren und deine Grenzen übergehen. Du würdest dann versuchen, dein Verhalten anzupassen, um für ihn und seine Verletzungen da zu sein. Nicht nur, dass du auf diese Weise unfassbar viel Energie verlieren wirst, dein Gegenüber wird sich so erfahrungsgemäß nicht ändern. Wenn du jedoch Mitgefühl hast, so erkennst du das innere Dilemma deiner Dualseele an, lässt sie aber in ihrer Selbstverantwortung und traust ihr somit auch zu, dass sie es aus eigener Kraft überwindet. Du gehst nicht über deine eigenen Grenzen, sondern schützt dich gesund. Die Energie bleibt bei dir, und auch deine Dualseele ist nun gefordert, ganz bodenständig eine Entscheidung zu treffen. Entweder sie stellt sich den Gefühlen zu dir oder sie riskiert, dass sie dich für immer verliert.

Merke dir: Wenn du trotz Mitgefühl gesunde Grenzen für dich setzt, wird sich am Schluss immer die göttliche Wahrheit zeigen. Denn dann handelst du aus deinem wahren Ich und wirst immer den genau richtigen Partner anziehen.

»Er ist einfach noch nicht so weit«

Hätte ich eine Strichliste geführt, wärst du wahrscheinlich ziemlich überrascht, wie oft ich den Spruch »Er ist einfach noch nicht so weit« von Klienten gehört habe, die das erste Mal mit mir arbeiteten. Einerseits ist dieses Statement wahr. Die Dualseele ergreift die Flucht, weil sie wirklich noch nicht so reif ist, tiefe Gefühle an sich heranzulassen und sich der Liebe hinzugeben. Andererseits birgt es auch eine Gefahr in sich. Allzu oft hatten meine Klienten den Blick nur auf den anderen und seine

Defizite gerichtet, anstatt voll auf sich zu schauen. Interessanterweise waren es meistens die Klienten, die sagten »Er ist einfach noch nicht so weit«, die letztlich diejenigen mit den meisten eigenen Baustellen waren.

Es ist nur menschlich, immer erst einmal den Finger auf den anderen zu richten. Aber die Trennung wurde auch für dich eingeleitet. Auch du bekommst auf höherer Ebene zunächst die Zeit, dich in eine intensive Verbindung dieser Art hineinzuentwickeln. Je eher du erkennst, dass auch du noch nicht so weit bist, und bei dir anfängst, desto schneller wirst du diesen Weg meistern.

Die Vergebungsfalle

Vergebung ist etwas ganz Großes und Schönes. Jemandem wirklich zu vergeben, der einen zutiefst verletzt und schlecht behandelt hat, ist alles andere als leicht. Herzmenschen in der Dualseelen-Konstellation scheinen meist sehr gut darin zu sein, Verletzungen zu verzeihen. Doch wahre Vergebung kann erst in der Tiefe stattfinden, wenn zunächst einmal alle Emotionen transformiert wurden, die der Vergebung entgegenstehen.

Ein Beispiel: Wenn du mit deiner Dualseele in einer Beziehung bist und sie dich betrügt, so ist das eine ganz tiefe Verletzung. Wenn du nun versuchst, dem anderen von jetzt auf gleich zu vergeben, so machst du dir etwas vor. Dein Ego versucht, dich hier auszutricksen. Bei vielen Herzmenschen ist die Angst, ihren Geliebten zu verlieren, nämlich so groß, dass sie ihre Verletzungen und die damit verbundenen Gefühle von Trauer, Wut und Enttäuschung gar nicht spüren. Sie wollen sichergehen, das Gegenüber ja nicht zu verlieren, und stehen trotz tiefer Verletzung sofort wieder für ihre Dualseele zur Verfügung.

Hier geht es natürlich darum, dass du dir erst einmal erlaubst, die tiefen, belastenden Emotionen zu integrieren, die der wahren Vergebung im Wege stehen. Und selbst wenn du dann in der Tiefe vergeben hast, so heißt das nicht, dass du dich deiner Dualseele gleich wieder vollständig öffnen solltest, bloß weil sie sich mal wieder meldet. Jetzt geht es darum, dass sie dir zeigt, dass du ihr wirklich vertrauen kannst. Denn einem Hund, der dich einmal gebissen hat, streckst du auch nicht sofort wieder die Hand hin, oder?

Grenzen setzen

Wenn du dieses Buch liest, ist es sehr wahrscheinlich, dass du ein Herzmensch bist! Du bist bereit, dich selbst zu reflektieren und weiterzuentwickeln. Empathie ist eine Fähigkeit, die du schon immer gut beherrscht hast. Du kannst dich so gut in andere hineinversetzen, dass es dir manchmal auch zum Verhängnis wird. Als du auf deine Dualseele getroffen bist, kamen nicht nur bei dir, sondern auch bei deinem Gegenüber extrem schnell die Themen hoch. Das Ganze ist so schnell gekippt, dass du erst einmal die Welt nicht mehr verstanden hast. Doch dann hast du immer mehr begriffen: Er hat einfach nur sehr große Angst vor dir bekommen. Die Dualseelen-Dynamik beginnt.

Um den Teufelskreis zwischen Anziehung und Rückzug durchbrechen zu können, braucht es eine entscheidende Fähigkeit, die schon angeklungen ist: die Fähigkeit, gesunde Grenzen setzen zu können. Aufgrund der tiefen Ängste, diesen Menschen für immer zu verlieren, gepaart mit der übergroßen Empathie, warst du zu Beginn bereit, sehr viel über dich ergehen zu lassen, um ihn in deinem Leben zu halten.

Manchmal passiert es zum Beispiel, dass der Part, der sich zurückgezogen hat, in eine andere Beziehung flüchtet. Wenn ich in dieser Phase mit Klienten, denen das passiert ist, arbeite, äußern sie im Vorgespräch vermehrt etwas wie: »Ja, er hat einfach Angst bekommen und ist in eine andere Beziehung geflüchtet. Aber ich verstehe ihn, er hat schließlich eine schlimme Kindheit gehabt. Wir sind jetzt Freunde.« Während diese Worte fallen, mache ich mir schon in meinem Kopf Notizen, denn ich ahne bereits die Themen, um die es sich in der Therapiesitzung drehen wird. Es geht um Grenzen. Viele meiner Klienten haben diese überverständnisvolle Art und wundern sich, warum sie immer unglücklicher und kraftloser werden.

In den Behandlungen konfrontiere ich sie dann erst einmal mit ihren eigenen Gefühlen. Ich frage: »Was macht es denn wirklich mit dir, dass er dich verlassen hat und in eine andere Beziehung gegangen ist?«

Üblicherweise kommen zunächst tiefe Trauer und das Gefühl, abgelehnt worden zu sein, in ihnen hoch. Im nächsten Schritt frage ich sie dann, was es mit ihnen macht, wenn sie sich vorstellen, die Freundschaftsebene zu verlassen. Im nächsten Moment spüren meine Klienten hier oft tiefe Ängste, die Liebe ihres Lebens zu verlieren. Schaffen wir es, auch diese Angst, zum Beispiel mit Ho'oponopono, zu transformieren, handeln sie plötzlich von sich aus völlig anders. Sie können auf einmal Nein sagen und sich abgrenzen, wenn es nötig ist.

Indem man die Seelenwunden der Ablehnung und des Verlassenwerdens überwindet, verbindet man sich zum Teil automatisch wieder mit der Fähigkeit, Grenzen zu setzen. Da die meisten diese Fähigkeit jedoch bereits seit früher Kindheit unterdrückt haben, ist erfahrungsgemäß noch etwas Übung erforderlich, bis das Grenzensetzen funktioniert. Es braucht Zeit und ein gewisses Training, bis es in Fleisch und Blut übergeht.

Du kannst mithilfe dieses Buches die Phase des Grenzensetzenlernens, die Jahre dauern kann, massiv beschleunigen. Dazu habe ich Übungen entdeckt, die meinen Klienten schon nach kurzer Zeit halfen, ihre Grenzen gesund zu setzen. Im Folgenden werde ich diese Übungen mit dir teilen.

Die Fünf-Kernwerte-Übung

Wir Menschen haben alle gesunde Werte, für die wir stehen und die uns wichtig sind, wenn wir mit anderen in Beziehung treten. Ignorieren wir sie, verleugnen wir uns selbst, leiden und verlieren Energie. Gerade in einer so intensiven Verbindung wie bei Dualseelen ist es essenziell, seine Werte zu kennen und mit ihnen so zu verschmelzen, dass wir sie verkörpern. Einer deiner Werte könnte zum Beispiel *Treue* sein. Du möchtest, dass, wenn du mit jemandem in eine Partnerschaft gehst, er nicht mehr anderweitig vergeben ist und auch während der Beziehung keine Affäre lebt. *Ehrlichkeit* in einer Beziehung könnte auch einer deiner Werte sein. *Das Gefühl, dass dein Partner die Liebe, die du zu geben hast, auch annehmen kann und etwas zu geben hat*, kann ein Kernwert sein, oder auch die Tatsache, *dass ihr Zeit miteinander verbringt*.

Wenn du deine Kernwerte kennst und voll in dich integrierst, wirst du deutlich besser Grenzen setzen können. Immer wenn ein Mensch deine Kernwerte über längere Zeit missachtet, wirst du sofort für dich einstehen können und, wenn es sein muss, diese Person vorerst aus deinem Leben streichen. Wenn du eins mit den Kernwerten geworden bist, wirst du, wenn es sein muss, sogar deine Dualseele abweisen können, ohne zu leiden!

Bitte geh nun in dich und schreib dir deine fünf Kernwerte unten auf. Lies dir über sieben Tage diese Werte zweimal am Tag durch und visualisiere sie für drei Minuten. Mögliche Kernwerte sind zum Beispiel:

- Ich möchte, dass er mir seine Zeit schenkt.
- Ich möchte, dass man ehrlich mit mir ist.
- Ich möchte, dass ich mit meinem Partner in die Tiefe gehen kann.

Meine fünf Kernwerte sind:

_____

_____

_____

_____

_____

Die Kurzfristige-Ziele-Übung

Vielleicht kennst du dieses Gefühl: Obwohl du schon die erste Phase des tiefen Schmerzes nach der Trennung überwunden hast, gibt es noch ab und zu Zeiten, in denen deine Gedanken wieder permanent um deinen Spiegelpartner kreisen, du dich traurig und kraftlos fühlst. Oder vielleicht hast du auch schon des Öfteren Situationen erlebt, bei denen es dir eigentlich sehr gut in deinem Leben geht und von jetzt auf gleich einen Kraftverlust spürst, in eine Depression verfällst und gar nicht mehr weißt, wie dir geschieht. Wenn du so etwas erlebst, dann ist es sehr wahrscheinlich, dass deine Dualseele gerade unbewusst bei dir »andockt« und du deine Gefühle für sie spürst.

In meiner langjährigen Arbeit mit Dualseelen habe ich herausgefunden, dass es in dieser Situation äußerst wertvoll ist, wenn du dich innerlich abgrenzt und in den Verstand gehst. Sobald du in der aktiven, männlichen Kraft bist, bist du ganz bei dir, und kein Mensch der Welt kann dir Energie rauben.

Ein Beispiel: Stell dir vor, du hast mal wieder einen Tag, an dem dir dein Partner einfach nicht aus dem Kopf geht. Die Gedanken kreisen um ihn, die Sehnsucht ist groß und dein Energieniveau ganz unten. Im nächsten Moment beobachtest du, wie dein Kind stürzt, sich das Knie aufschlägt und blutet. Von jetzt auf gleich bist du komplett heraus aus den Gefühlen und aus der Sehnsucht – du funktionierst rational. Du überlegst, wie du dein Kind am besten versorgst, indem du sicherheitshalber zum Arzt fährst, und verschwendest keinen Gedanken mehr an deine Dualseele.

Natürlich soll dein Kind nicht leiden, dies ist nur ein Beispiel dafür, dass es manchmal angebracht und gesund ist, in den Verstand zu gehen, um seine Gefühle zu kontrollieren. Und genau das solltest du jetzt üben.

Ich möchte dir hier nicht beibringen, dich komplett gegen die Liebe zu stellen, sondern dich einladen, dich auch mal davon abzugrenzen und in den Verstand zu gehen. Du bist eh schon gut darin, deine weibliche Kraft zu leben. Im Alltag auch mal Gefühle zu kontrollieren und etwas für dich selbst zu tun ist etwas, was du noch lernen darfst. Die Kurzfristige-Ziele-Übung wird dir dabei helfen, die gesunde Abgrenzung zu trainieren.

Schreib dir dazu bitte drei Dinge auf, die du kurzfristig, also in den nächsten Tagen, erledigen möchtest. Es können noch so banale Angelegenheiten sein, wichtig ist nur, dass du in die Handlung kommen musst, um sie zu erreichen. Es kann zum Beispiel das Vorhaben sein, deinen Dachboden aufzuräumen oder ein neues Gericht auszuprobieren. Notier dir deine drei To-dos und leg dir die Notizen griffbereit in deine Nähe. Und jetzt kommt die Magie: Immer wenn du einen Energieverlust spürst und in die Sehnsucht rutschst oder das Gefühl hast, dass deine Dualseele bei dir »andockt«, nimmst du deinen Zettel und setzt eins der drei Vorhaben um. Ich gebe dir Brief und Siegel, dass du damit deinen Zustand verlassen und dich viel besser fühlen wirst. Setz diese Übung bitte auf jeden Fall um, denn sie trainiert deine Fähigkeit, dich innerlich abzugrenzen, und stärkt deine männliche Seite, die ja dafür steht, zu wissen, was man will und somit auch besser wahrnehmen zu können, was man nicht will.

Trag hier bitte schon mal drei Aufgaben ein, die du dann noch mal auf einem Blatt notierst und in den nächsten Tagen erledigen möchtest:

_____

_____

_____

Andere Partner auf dem Dualseelen-Weg

Bekanntlich sind Dualseelen in letzter Zeit zu einem wahren Trend geworden, und es kursieren die verrücktesten Theorien über diese Verbindung. Eines dieser Konzepte besagt, dass die Dualseele das einzig Wahre ist und dass es absolut verboten sei, andere Partner auf diesem Weg zu haben, sonst verliere man seine Dualseele für immer. Doch dahin gehend habe ich andere Erfahrungsberichte vorzuweisen. Vielen meiner Klienten ging es nach einer langen Zeit des Schmerzes und der Trauer mit einem anderen Partner endlich wieder besser. Ihre schon verloren geglaubte Lebensfreude kam endlich wieder zurück, und sie fanden ins Leben. Plötzlich empfanden sie auch wieder Interesse am anderen Geschlecht.

An diesem Punkt kontaktieren mich viele, geraten förmlich in Panik und fragen mich: »Kann ich denn auf ein Date gehen oder verliere ich meine Dualseele dadurch für immer?« Hier kann ich dir aus meiner Erfahrung sagen: Nein, du verlierst die Dualseele nicht. Glaub mir, wenn ihr füreinander bestimmt seid, so wird das Universum auf magische Weise darauf hinarbeiten, dass ihr wieder zusammenfindet.

Sehr oft habe ich es erlebt, dass meine Klienten sich auf eine neue Partnerschaft einließen, alles gut lief und plötzlich etwas Verblüffendes geschah: Scheinbar ohne Grund trennte sich der neue Partner, und nach kurzer Zeit stand dann die Dualseele auf der Matte und wollte eine zweite Chance. Diese

Beobachtung hat meinen Glauben immer wieder bestätigt, dass es ein perfektes göttliches Timing gibt.

Doch was bedeutet das für dich? Lass es fließen. Folg deiner Intuition. Wenn du glaubst, du bist offen und kannst dich auf etwas Neues einlassen, ohne das Gefühl zu haben, einen schlechten Kompromiss einzugehen, dann mach das. Du solltest dich lediglich selbst fragen, warum du es willst. Wenn du noch sehr bedürftig bist und zum Beispiel nur nicht allein sein möchtest, wird der Schuss definitiv nach hinten losgehen. Dein Prozess verzögert sich dadurch, und du wirst erfahrungsgemäß auch von diesem Menschen schnell wieder verlassen werden, bis du die Lernaufgabe erkennst und sie meisterst.

Wenn deine Dualseele nach wie vor dein Herz so sehr vereinnahmt, dass du einfach nicht das Bedürfnis verspürst, dich etwas Neuem zu öffnen, so ist das natürlich auch völlig in Ordnung. Folge einfach deinem Herzen und deiner Intuition. Denn oft werden uns auf unserem Weg Lernpartner geschickt, die uns helfen, eine bestimmte Fähigkeit besser in unser Leben zu bringen. Wenn man zum Beispiel an dem schönen Punkt angekommen ist, nach langer Zeit und Transformationsarbeit endlich wieder in die Lebensfreude einzutauchen, so ziehen viele einen Lernpartner an, der ihnen hilft, wieder die Leichtigkeit des Seins zu spüren. Wie auf Knopfdruck verabschieden sich die Lernpartner dann oft wieder, wenn die Lektion gelernt wurde. Dieses Phänomen konnte ich in den letzten Jahren immer wieder beobachten, und heute bin ich mir ganz sicher, dass das göttliche Timing so präzise ist, wie wir es uns nicht einmal im Ansatz vorstellen können.

> **Keynotes: Andere Partner**
> - Andere Partner auf dem Dualseelen-Weg sind »erlaubt« und können deine Entwicklung sogar beschleunigen.
> - Das göttliche Timing ist perfekt; und wenn du und deine Dualseele füreinander bestimmt sind zusammenzukommen, wird das Universum auf magische Weise darauf hinwirken.
> - Wenn dir bewusst ist, dass du noch Themen hast, die dich einen Partner brauchen lassen, zum Beispiel durch die Angst, allein zu sein, solltest du lieber die Themen ansehen und lösen. Anderenfalls verzögert sich dein Prozess.

Wenn du noch verheiratet oder vergeben bist

Wenn es um Dualseelen geht, ist eins gewiss: Die Begegnung ist nicht planbar und nimmt keine Rücksicht auf aktuelle Lebenssituationen. Also mal ganz unter uns: Wenn ich so manche Berichte von Dualseelen-Begegnungen höre, denke ich mir zuweilen schon, was das Schicksal da doch für ein Spiel mit uns treibt …!

Eine Klientin war zum Beispiel gerade zum zweiten Mal schwanger in ihrer (soweit) glücklichen Ehe, als sie ihrer Dualseele begegnete. Offensichtlich war sie am Boden zerstört, fühlte sich hilflos und hatte tiefe Schuldgefühle ihrem Mann gegenüber. Obwohl sie keinen Ehebruch beging und sich die Begegnung mit ihrer Dualseele auf einige wenige Treffen beschränkte, bevor sich ihre Dualseele zurückzog, erlebte auch sie die Verbindung als so stark, dass sie sie einfach nicht ignorieren konnte. Nicht nur, dass sie großes Leid erlitt, diesen Menschen verloren zu haben, das Gefühl, ihrem Ehemann etwas vorzumachen, plagte sie ebenso stark. Über zwei Jahre quälte sie sich und versuchte, im Ehealltag den Schein zu wahren, obwohl ihre Dualseele Tag und Nacht in ihrem Kopf war. Doch irgendwann ertrug sie es einfach nicht mehr. Die Fassade der glücklichen Ehefrau aufrechtzuerhalten wurde eine Last, die sie nicht länger tragen konnte. Also offenbarte sie sich. Unter Tränen erzählte sie ihrem Mann die Wahrheit, dass sie seit zwei Jahren einen Mann abgöttisch liebe, den sie lediglich ein paarmal gesehen habe.

Zu ihrer Überraschung reagierte der Ehemann ganz ruhig. Auch er hatte gemerkt, dass sie sich emotional entfernt hatte und nicht mehr wie früher war. Obwohl er verletzt war, war ein Teil von ihm auch erleichtert. Einige Zeit später trennten sie sich einvernehmlich.

Wichtig zu wissen ist, dass sie die Entscheidung nicht traf, um frei für ihre Dualseele zu sein. Sie traf die Entscheidung, weil die Begegnung ihr tiefere Ebenen ihres Seins offenbart hatte und ihr Herz belegt war. Ihr Ehemann hatte da einfach keinen Platz mehr, schließlich schaute sie dieser Wahrheit ins Auge und handelte danach. Erst kürzlich erfuhr ich, dass sie heute in einer Beziehung mit ihrer Dualseele lebt.

Erfahrungsgemäß dauert der Dualseelen-Weg, in den Familie und Kinder involviert sind, länger. Denn dies sind Entscheidungen, die man nicht übers Knie bricht; und sich aus einer Ehe zu verabschieden ist für viele die schwerste Entscheidung, die sie je treffen werden. Zugegeben: Es gibt weitaus schönere Szenarien, als eine Familie auseinandergehen zu sehen; aber offensichtlich macht die Seele auch davor nicht halt. Oberste Priorität hat die Entwicklung. Wenn wir auf höherer Ebene bereit sind, so tritt die Dualseele in unser Leben. Wir sind eben hier auf der Erde, um zu wachsen. Immer häufiger entwickeln sich Ehepartner in verschiedene Richtungen, sodass es ab einem gewissen Zeitpunkt einfach nicht mehr stimmt.

> **Keynotes: Wenn du noch vergeben bist**
> - Du solltest dich trennen, wenn du unabhängig von deiner Dualseele spürst, dass deine Beziehung schon lange Zeit nicht mehr stimmig ist.
> - Stell dich bereits vor der Trennung den Ängsten und Glaubenssätzen, die hochkommen, wenn du an Trennung denkst (zum Beispiel: »Ich habe Angst, es allein nicht zu schaffen«).

Träume, Telepathie und Zahlen

Dualseelen sind nicht von dieser Welt. Immer wieder werden bodenständige Menschen, die mitten im Leben stehen, in ihren Grundüberzeugungen erschüttert, wenn sie ihrer Dualseele begegnen.

Sobald ich über die übermenschlichen Aspekte dieser einzigartigen Seelenverbindung nachdenke, fällt mir immer die Geschichte von meiner Klientin Sabrina ein. Sabrina arbeitet in der Schweiz und ist eine sehr erfolgreiche Investmentbankerin. Sie verwaltet Milliardenbeträge für die reichsten Menschen dieser Welt. Ihr Leben lang war sie davon überzeugt, dass nur das real ist, was man sieht. Spiritualität hielt sie für überflüssigen Nonsens, an den sich nur schwache Menschen klammern, die nicht mit ihrem Leben klarkommen.

Doch auch für sie kam der Tag, der alles verändern sollte. Sie begegnete ihrer Dualseele 2016 auf einer Geschäftsreise. Verwundert fragte sie sich: »Warum ist mir dieser Mensch so vertraut? Wieso weiß ich genau, wie er fühlt und denkt?«

Zuerst konnte sie der magischen Anziehung nicht widerstehen und ließ sich auf eine Affäre ein. Wochenlang bestand die intensive Verbindung, die beiden genossen dies in vollen Zügen. So etwas hatte sie sich nicht mal im Ansatz vorstellen können, geschweige denn erlebt. Es schien ihr Fassungsvermögen zu sprengen, sodass sie es mit der Angst zu tun bekam. Aufgrund ihrer Prägung war sie eher ein Mensch, der sich in solchen Fällen sagt: »Ach, das habe ich mir sicher alles nur eingebildet.« Ihr Verstand funkte ihr dazwischen, und schon bald darauf gab sie ihm nach.

Sie war also diejenige, die schließlich den Kontakt zu ihrer Dualseele abbrach, da sie merkte, wie diese Verbindung ihren Alltag immer mehr beeinflusste und sie teilweise unkonzentriert ihrer Arbeit nachging. Sie wollte weiterhin ihre gewohnt grandiosen Leistungen abrufen.

Ein ganzes Jahr verbannte sie ihre Dualseele aus ihrem Kopf und wollte von alldem nichts mehr wissen. Doch ihre Seele hatte auch noch ein Wörtchen mitzureden. Die Liebe ist die stärkste Kraft im Universum. Wir können sie eine Zeit lang ignorieren, aber sie wird uns immer wieder einholen, bis wir sie annehmen. Auch Sabrina blieb davon nicht verschont. Ihre Taktik, ihre Dualseele einfach aus ihrem Leben zu streichen, funktionierte immer weniger. Es wurde stetig anstrengender für sie, den Mann aus ihrem Kopf zu bekommen, und sie verlor immer mehr Kraft bei dem Versuch. Ihre Leistungen am Arbeitsplatz ließen auch ohne ihn nach, und es gelang ihr immer weniger, den Menschen innerlich beiseitezuschieben, den sie in Wahrheit so sehr liebte.

Und dann fing es an. Plötzlich erlebte sie immer wieder sehr reale Träume von ihm. Nachts hatte ihr Verstand Sendepause, und ihre Seele bekam die Chance, zu ihr durchzudringen. Doch immer noch wehrte sie sich dagegen. Die Folge war, dass ihr Schlaf zunehmend unruhiger wurde und sie nicht einmal mehr über diese Quelle Kraft schöpfen konnte. Die Abwärtsspirale setzte sich fort. Der Energieaufwand, ihre Dualseele innerlich wegzudrücken, war bald nicht mehr möglich. Stetig wurde ihre Schutzmauer bröckliger und ihre Gefühlswelt meldete sich häufiger zu Wort.

Zu den realen Träumen kam nun auch noch Telepathie hinzu. Wie aus dem Nichts fühlte sie plötzlich, wie es ihm ging und wo er sich aufhielt. Es war so deutlich und gleichzeitig beunruhigend für sie, dass sie etwas tat, was sie in all der Zeit zuvor noch nie gemacht hatte. Sie checkte ihn in den sozialen Medien ab. Und siehe da. Sie hatte recht. Die Bilder, die sie dort sah, zeigten ihn an Orten, die sie zuvor in ihren »telepathischen Anfällen« gespürt hatte.

Sie verstand die Welt nicht mehr. Immer noch versuchte sie panisch und schon völlig entkräftet, das Ganze zu ignorieren. Doch je mehr sie sich bemühte, desto stärker holte es sie wieder ein. Ihre Seele legte dann noch einen drauf. Sie begann, sein Geburtsdatum, den 13. Mai, immer und überall in anderen Zahlenkombinationen zu sehen: Hausnummer 135, die Zeit 13.05 Uhr, Autokennzeichen mit der Ziffer 135 und so weiter. Langsam glaubte sie, »am Rad zu drehen«. Wie konnte das alles sein? Um sich selbst zu beweisen, dass sie noch die Kontrolle in ihrem Leben hatte, und in der Hoffnung, die Sache ein weiteres Mal aus dem Kopf zu bekommen, meldete sie sich zu einem Marathon an. Wieder meldete sich ihre Seele und sie zog sich eine Knieverletzung zu. Sie war gezwungen, eine Pause einzulegen.

Dieser Einschnitt war in ihrem Fall das Zünglein an der Waage. Ihr Gerüst der Verdrängung, das schon gehörig wackelte, brach komplett zusammen, und sie wurde von ihren Gefühlen überrollt. Alles drehte sich in ihr, und es blieb ihr nichts anderes übrig, als sich hinzugeben. Endlich wurde ihr Herz so laut, dass es den Verstand übertönte. Der Durchbruch.

Seit diesem Zeitpunkt war sie ganz anders. Sie erlaubte sich, ihre Dualseele zu lieben, und öffnete sich sogar der Spiritualität. All das Nichtgreifbare, das sie früher so ablehnte, gab ihr nun Halt und Kraft. Sie lernte, dass sie, wenn sie die Liebe zu ihrer Dualseele einfach zuließ und die Gefühle annahm, plötzlich keine Kraft mehr im Alltag verlor. Ganz im Gegenteil: Es verlieh ihr sogar Flügel! Sie brauchte einige weitere Monate, um sich in der Tiefe mit ihrer Gefühlswelt auseinanderzusetzen und sie zu festigen.

Dann war es so weit. Sie fasste all ihren Mut zusammen und rief ihre Dualseele an. Unter Tränen erklärte sie dem Mann, wie es ihr ging und warum sie sich so verhalten hatte. Sie bat ihn um Verzeihung, dass sie ihn damals so unsanft weggestoßen hatte.

Nach mehreren Treffen, in denen sie sich aussprachen, wurden sie endlich ein Paar. Heute sind die beiden verheiratet und erwarten gerade ihr erstes Kind.

Dies ist eine meiner Lieblingsgeschichten, da man sieht, wie auch der Part, der vor der tiefen Liebe wegrennt, teilweise sehr leidet. Faszinierend finde ich vor allem, wie die Seele Sabrina immer klarere Botschaften schickte, um sie wachzurütteln. Gerade die Verstandesmenschen brauchen oft deutliche Botschaften der Seele, um zu erkennen, wo es langgeht.

Vielleicht hast du es ja auch auf deinem Weg schon erlebt, dass du reale Träume hast, telepathische Eingebungen und dauernd Zahlen irgendwo siehst, die dich an deine Dualseele erinnern. Da es bei deinem Weg bekanntlich aber darum geht, auch mal den Verstand einzuschalten und deine Dualseele auch mal gesund aus dem Kopf zu bekommen, habe ich eine Bitte an dich: Erkenne die Zeichen an, aber verlier dich nicht in ihnen. Lass sie so schnell wie möglich wieder los und kehr ins Hier und Jetzt zurück. Trainier deine Fähigkeit, auch ohne deine Dualseele glücklich zu sein, und üb dich im Vertrauen, dass der für dich passende Partner (zurück) in dein Leben kommt, wenn die Zeit reif ist.

Keynotes: Träume, Telepathie und Zahlen

- Zeichen und Botschaften deiner Seele können dir den Weg weisen, doch verlier dich nicht in ihnen!
- Erkenne Erlebnisse dieser Art, lass sie jedoch so schnell wie möglich wieder los und kehr ins Hier und Jetzt zurück.

Das Gesetz der Dankbarkeit

Ein weiteres äußerst wichtiges Werkzeug auf dem Dualseelen-Weg ist das Gesetz der Dankbarkeit. Energie folgt immer der Aufmerksamkeit, und die zahlreichen Erfahrungen, die ich mit meinen Klienten hatte, zeigen, dass Dankbarkeit sehr mächtig ist. Wenn wir Menschen unser Augenmerk darauf legen, wofür wir dankbar sind, ziehen wir die Energie automatisch von den Dingen ab, die wir noch nicht in unserem Leben haben.

In deiner Situation ist das natürlich alles andere als leicht. Schließlich wurdest du von der Liebe deines Lebens verlassen. Doch dankbar zu sein ist wirkungsvoller, als du zu diesem Zeitpunkt vielleicht erahnst. Für mich war es ein großer Schlüssel auf meinem Weg, mich in Dankbarkeit zu üben. Am Anfang war es auch für mich noch eine Herausforderung, auch nur einen Umstand zu finden, für den ich dankbar bin. Schließlich war auch ich ganz unten und wusste noch nicht, wie ich meinen Trennungsschmerz überhaupt überleben soll. Als ich jedoch die erste kleine Wirkung spürte, nachdem ich das Gesetz der Dankbarkeit anwandte, blieb ich am Ball. Tag für Tag fielen mir mehr Dinge ein, für die ich dankbar war, und meine Stimmung verbesserte sich zusehends.

Der erste Durchbruch für mich war, als plötzlich der erste Gedanke am Morgen nicht mehr meine Dualseele war, sondern mir mehr und mehr die Umstände im Kopf waren, für dich ich dankbar war. Als ich dann begann, Menschen auf ihrem Dualseelen-Weg zu begleiten, ließ ich von Beginn an das Gesetz der Dankbarkeit in meine Arbeit mit einfließen. Mit tollem Erfolg! Nachdem meine Klienten sich mehr und mehr in Dankbarkeit geübt hatten, zogen sie nach und nach immer mehr Positives in ihr Leben. Zudem fiel ihnen im Alltag immer weniger auf, was ihnen fehlte. Dieselben wunderbaren Ergebnisse wünsche ich mir natürlich auch für dich. Genau aus diesem Grund bitte ich dich, nun auch für dich das Gesetz der Dankbarkeit in dein Leben zu bringen.

Dankbarkeitsübung

Bitte finde zehn Dinge, für die du dankbar bist. Schreib sie unten auf. Nimm dir für die nächsten fünf Tage jeweils fünf Minuten Zeit und geh jedes Einzelne der zehn Dinge durch. Wichtig: »Bade« in den Gefühlen, die du hast, wenn du jeweils daran denkst, wofür du dankbar bist.

1.

2.

3.

4.

5.

6.

7.

8.

9.

10.

Ungeahnte Spiegel auf dem Dualseelen-Weg

Zugegeben: Deine Dualseele verhält sich dir gegenüber teilweise wie ein echter Idiot. Er ignoriert dich, ist manchmal eiskalt, vielleicht betrügt der Mann dich sogar. Auf den ersten Blick sieht es so aus, als wäre er der »Bösewicht« der ganzen Geschichte. Du bist schon relativ bewusst und denkst dir vielleicht oft: »Er ist einfach noch nicht so weit.« Aber was könnte dir hier noch gespiegelt werden? Wenn er die Liebe nicht zulassen kann, was kannst du wiederum nicht zulassen?

Lass uns da noch einmal genauer hinsehen, denn gerade ungeahnte Spiegel sind es, bei denen eine große Chance der Weiterentwicklung auf uns wartet!

Zwei polare Kräfte in uns

Wir Menschen haben zwei Grundbedürfnisse: Das eine ist, dass wir uns dazugehörig fühlen, Liebe schenken und Liebe empfangen wollen. (Das entspricht der weiblichen Kraft.) Das andere ist, dass wir uns in der materiellen Welt ausdrücken und unsere Talente hinaustragen wollen. (Das entspricht der männlichen Kraft.) *Nur wenn diese krass gegensätzlichen Kräfte in uns ausbalanciert sind, fühlen wir uns vollständig.* Das haben wir im Prinzip schon besprochen, wir beleuchten es in diesem Zusammenhang aber noch einmal aus einer anderen Perspektive.

Es ist ein permanentes Spannungsfeld, in dem wir uns bewegen und dessen Rhythmus wir erst einmal verstehen und lernen müssen. Während bei deiner Dualseele meist das erste Bedürfnis vernachlässigt wird, liegt bei dir das zweite brach. An der Oberfläche scheint es, als wäre der Grund, warum die Beziehung nicht funktioniert, ganz klar er. Doch wie du ja bereits weißt, hast auch du ein Thema und bist dafür verantwortlich, deine Seite der Medaille zu beleuchten. Wenn ich in meiner Praxis mit Herzmenschen arbeite, fällt mir wie gesagt auf, dass sehr viele von ihnen im zweiten Grundbedürfnis, sich in der Welt mit ihren Gaben und Talenten ausdrücken zu wollen, blockiert sind. Und auch wenn du das nie von dir denken würdest: Hier bist du der »Bösewicht«. Denn wenn du deine Talente nicht in die Welt bringst, lässt du uns alle im Stich! Wir brauchen dich! Wir brauchen deine Größe! Auf tieferer Ebene haben wir alle den Wunsch, zum großen Ganzen beizutragen und unseren Platz einzunehmen. Würde jeder Mensch seinen wahren Platz im Leben einnehmen, hätten wir wahrscheinlich das Paradies auf Erden. Jeder würde Erfüllung darin finden, seine Gaben mit den Mitmenschen zu teilen und einen wertvollen Beitrag für die Welt zu leisten. Ähnlich wie bei einem perfekt organisierten Bienenstock hätte jeder seine Aufgabe, die er liebt, und zum Wohle aller würden die Dinge wachsen und gedeihen.

So gut wie alle Herzmenschen haben tolle Talente in sich. Aufgrund der Lebensthemen werden sie jedoch oft von massiven Blockaden ausgebremst, die verhindern, diese auch zu leben.

Und nein, es müssen nicht immer Riesensachen sein, die vollbracht werden sollten. Du lebst auch dein Talent aus, wenn du gut mit Tieren umgehen kannst und einmal die Woche mit einem Hund aus dem Tierheim Gassi gehst. Wichtig ist aber, *dass* du es machst! Wir brauchen *dich*! Das Universum will dir alles schenken, zuerst geht es aber darum, dass du deinen Platz einnimmst als der, der du wirklich bist! Zeig deine Größe und lass dein Licht strahlen!

So wirst du automatisch zum Megamagneten für deinen passenden Partner! Das ist ein Lebensgesetz.

Während sich deine Dualseele also im Rückzug befindet, mach dir Gedanken über deine Talente und deine Vision. Klar, es werden sich alte Wunden und Glaubenssätze zeigen, die verhindern, dass du in Aktion trittst, aber hier zählt es nun, diese zu transformieren und mutig weiterzugehen.

Bist du bereit? Sehr gut, dann werden die folgenden Worte Goldwert für dich sein. Bei meiner Arbeit mit über tausend Dualseelen konnte ich viele Erfahrungswerte sammeln und feststellen, dass gewisse Tendenzen so gut wie immer da sind. Die meisten, mit denen ich zum ersten Mal spreche, schildern mir folgende Dinge: »Er kann sich einfach nicht öffnen. Er wollte immer nur, dass wir etwas Oberflächliches unternehmen, und nie Zweisamkeit. Auch seine Arbeit war ihm immer viel wichtiger als ich. Er wollte immer nur seinen Willen durchsetzen.«

Ja, natürlich haben sie recht. Wir wissen ja, dass die Verstandesmenschen aufgrund der eigenen Muster eine regelrechte Schutzmauer um ihre Gefühlswelt errichtet haben, um sich bloß nicht verletzlich zu machen. Sie tun alles, um nicht fühlen zu müssen und die Kontrolle zu behalten. Doch jetzt kommt die Magie des Ganzen: Alles, von dem dein Partner zu viel hat, hast du zu wenig! Dualseelen sind erfahrungsgemäß zu Beginn sehr gegensätzlich. Viele Herzmenschen neigen dazu, sich extrem zurückzunehmen und teilweise sogar aufzuopfern, um geliebt zu werden. Verstandesmenschen definieren sich eher über das Funktionieren und Erbringen von Leistung, da sie als Kind dadurch wenigstens ein klitzekleines bisschen Liebe und Aufmerksamkeit bekamen. Und obwohl der Verstandesmensch gern mal wie der »Bösewicht« des Ganzen aussieht, da er dich einfach sitzengelassen hat, so ist keins eurer Muster gut. Keiner von euch beiden ist in seiner Mitte! Du bist in Beziehungen oft in der weiblichen Kraft gefangen und vernachlässigst dein Leben, und er ist in der männlichen Kraft verhaftet und ignoriert seine Bedürfnisse nach Liebe und Nähe. Das Gold liegt nun darin, deine fehlenden männlichen Anteile zu integrieren, sodass sie sich mit deiner weiblichen Seite vereinen können und du deine Mitte findest. Du wirst dann bereit sein für das göttliche Wechselspiel deiner Yin-Yang-Kräfte ... einen Rhythmus, der dich wahrhaftig erfüllen wird! Wenn du es nicht tust, wirst du nur immer mehr Menschen in dein Leben ziehen, die dich schmerzhaft auf deine nicht gelebten Anteile hinweisen.

Also ja, was ich dir Verrücktes vorschlage, ist, alles, was du so sehr an dem Menschen deines Herzens ablehnst, einmal darauf zu überprüfen, ob es dir nicht in einem gesunden Maße fehlt. Es kann gut sein, dass sich jetzt alle Nackenhaare in dir aufstellen und du dich vor Grausen abwenden würdest, aber glaub mir: *Es lohnt sich!*

Die Kontaktkurve des Lebens

Lass mich eure anfängliche Gegensätzlichkeit und die Lösung anhand der sogenannten Kontaktkurve erklären. Die Kontaktkurve ist sehr interessant, denn wir können sie in allen Bereichen des Lebens beobachten:

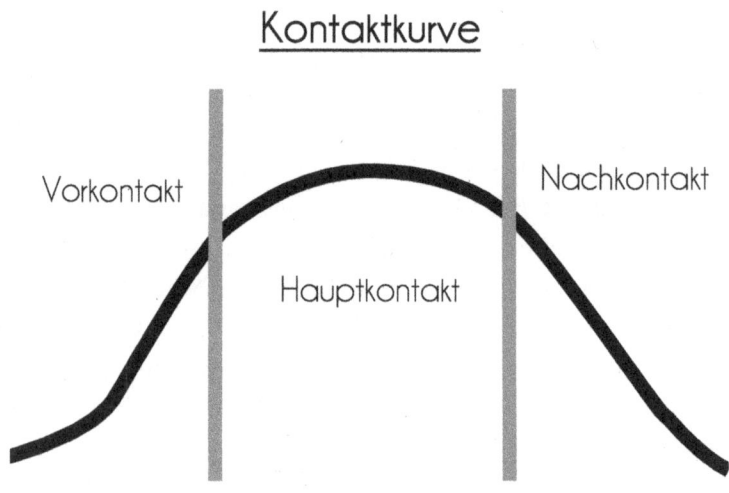

In der Natur:
Vorkontakt: Die Biene bestäubt die Blüte.
Hauptkontakt: Die Frucht wächst heran, bis sie reif ist.
Nachkontakt: Die reife Frucht fällt von Baum.

Bei der Ernährung:
Vorkontakt: Wir bekommen Hunger und Lust, etwas Bestimmtes zu essen.

Hauptkontakt: Wir verspeisen unser Gericht genüsslich.
Nachkontakt: Wir sind satt und trinken noch einen Espresso danach.

In der Sexualität:
Ich denke, das bedarf keiner Erklärung.

Und – ganz wichtig – in Beziehungen:
Hier wird es richtig spannend. Der normale Verlauf ist hier, dass wir im Vorkontakt abchecken, ob uns jemand sympathisch ist und ob wir ihm vertrauen können. Dies ist ein wichtiger »Vorfilter«, den wir benötigen, um im Umgang mit unseren Mitmenschen nicht permanent Energie zu verlieren. Wenn ein Mensch uns sympathisch ist und wir ihn vertrauenswürdig finden, gehen wir in den Hauptkontakt, bei dem Nähe und eine Bindung entstehen. Wenn man eine Partnerschaft eingeht, ist hier der Punkt, wo man sich öffnet und sich verletzlich macht. Interessanterweise konnte ich beobachten, dass sowohl der Herzmensch als auch der Verstandesmensch bei Dualseelen beide Probleme in der Kontaktkurve haben, nur eben an anderer Stelle.

Die typische Kontaktkurve eines Herzmenschen (in unerlöster Form)

Aufgrund ihrer Lebensthemen neigen Herzmenschen dazu, viel zu schnell in den Hauptkontakt mit ihrem Gegenüber zu geraten. Meistens haben sie Ablehnungs- und Verlassenheitswunden, woraufhin sie verstärktes Interesse zeigen, vorschnell mit dem Gegenüber zu »verschmelzen«. Es ist ja auch nachvollziehbar: Wenn man Angst hat, verlassen zu werden, gibt man dem anderen lieber einmal zu viel als einmal zu wenig recht. Hat man Angst, abgelehnt zu werden, zeigt man sich dem Gegenüber, wie es im Vorkontakt eigentlich üblich ist, nicht wirklich. Man ist für sein Visavis nicht richtig greifbar. Hinzu kommt, dass viele Herzmenschen ihre Identität nicht voll ausgeprägt haben und im Vorkontakt dadurch auf den anderen »durchlässig« wirken.

Diese Ausgangslage lässt den Herzmenschen oft ein schweres Leben erfahren. Freunde neigen dazu, ihn auszunutzen. Im Job wird er gern mal gemobbt und in Beziehungen immer wieder verlassen. Viele berichten auch, dass sie schon immer ein Schweregefühl in sich tragen und wahre, ausgelassene Lebensfreude gar nicht kennen. Doch die Lösung ist ebenso einfach wie genial! Aber bevor wir dazu kommen, lass uns noch einmal dein Gegenüber betrachten.

Kontaktkurve: Herzmensch

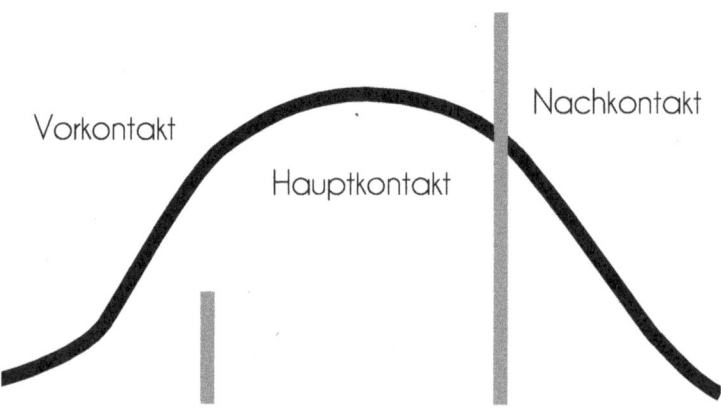

Die typische Kontaktkurve eines Verstandesmenschen (in unerlöster Form)

Aufgrund seiner Lebensthemen neigt der Verstandesmensch dazu, viel zu sehr im Vorkontakt zu bleiben. Der erste Eindruck, sich gut darzustellen, vertrauenswürdig zu wirken und zu flirten, sind Dinge, die im Vorkontakt ins Spiel kommen. Diese beherrscht der Verstandesmensch in aller Regel perfekt. Doch die wirkliche Erfüllung in Beziehungen und der Liebe liegt im Hauptkontakt. Die Nähe, Gefühle und das Vertrauen, die im Hauptkontakt entstehen, machen ihm jedoch tierisch Angst, und zu Beginn versucht er alles, um genau das zu vermeiden. Er stürzt sich in die Arbeit, den Sport oder hat teilweise sogar eine andere Beziehung, nur um dem Kontrollverlust, der im Hauptkontakt entsteht, wenn zwei Menschen sich wirklich begegnen, zu entfliehen.

Doch was nun tun?

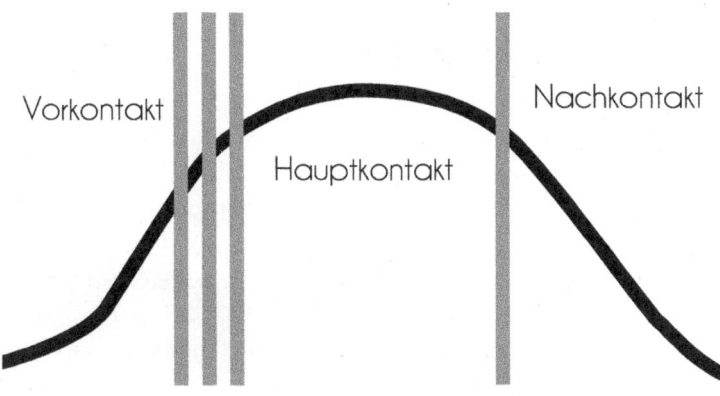

Auch wenn es dir zu Beginn noch so schwer fällt: Es geht für dich darum, dass du alles, was zum Vorkontakt dazugehört, integrierst und lernst. Auf höherer Ebene hat dich deine Dualseele mit seinem teilweise fiesen Verhalten herausgefordert. Alles musste so passieren, damit du dich endlich ZEIGST! Auch mal sagst: »Jetzt reicht's! Jetzt können mich alle mal, ich kümmere mich jetzt mal um mich.« Diesen Schubs brauchen die Herzmenschen teilweise auf die harte Tour, um endlich auch mal auf sich zu schauen und sich zu zeigen. Der erste Schritt, mit dem du es schaffen wirst, die Kontaktkurve für dich perfekt zu harmonisieren, sodass du schlussendlich den genau passenden Partner (wieder) in dein Leben ziehst, besteht darin, dass du dir darüber im Klaren wirst, was deine Dualseele besonders gut kann (oder vielleicht im Extrem lebt) und was du besonders an ihm ablehnst. Denn gerade die Dinge, die wir besonders in anderen ablehnen, sind oft die größten Schattenseiten in uns, die darauf warten, in gesundem Maße integriert zu werden. Schreib dir bitte unterhalb auf, was dir bewusst geworden ist.

Keynotes: Ungeahnte Spiegel

- Überprüfe, was deine Dualseele kann, was du nicht kannst, und bring diese Fähigkeit in dein Leben. (Zum Beispiel: »Er kann sehr zielstrebig sein.«)
- Schau dir an, was du an ihm besonders ablehnst und er vielleicht zu extrem lebt, und integriere es gesund in dein Dasein. (Zum Beispiel: »Er ist starr in seinen Grenzen und lässt niemanden an sich ran.« Die Botschaft für dich lautet: »Ich muss anderen gegenüber auch mal Nein sagen und mich öfter mal um mich selbst kümmern.«)

> **Gespiegelte Defizite integrieren**
>
> Meine Dualseele kann diese Dinge besonders gut, ich aber nicht:
>
> _____
>
> _____
>
> _____
>
> Diese Eigenschaften lehne ich an meiner Dualseele besonders ab:
>
> _____
>
> _____
>
> _____

Der Dualseelen-Weg aus Sicht des Verstandesmenschen

Lange Zeit habe ich hin und her überlegt, ob ich dieses Kapitel überhaupt aufnehmen soll. Zu oft habe ich es erlebt, wie betroffene Herzmenschen sich an die Vorstellung geklammert haben, wie es dem anderen wohl gerade gehen mag. Ihr Weg stagnierte, weil sie, statt bei sich selbst hinzuschauen und ihre Themen zu klären, nur die Aufmerksamkeit auf den anderen richteten.

Dennoch habe ich mich dafür entschieden, den Weg aus Sicht des Verstandesmenschen als Teil dieses Buches aufzunehmen. Schließlich kann es durchaus wertvoll sein zu verstehen, mit welchen Lernaufgaben der andere konfrontiert ist und warum er so ist, wie er ist.

Bitte nimm die folgenden Zeilen als wertvolle Information mit, konzentrier dich jedoch weiterhin voll auf dich und deinen Weg. Auch wenn ich dir nun zeige, wie diese Menschen oft gestrickt sind, was typische Themen und Lernschritte für ihn sind, so heißt es nicht zwangsläufig, dass er sie auch zu Ende geht. Es gibt niemals eine hundertprozentige Garantie, dass ihr wieder zusammenkommt. Auch in deinem Fall kann es sein, dass deine Dualseele an einem Punkt des Weges aussteigt und deine Seele vielleicht einen anderen Partner für dich vorgesehen hat.

Ich sage dir das nur so deutlich, weil ich mir für dich wünsche, dass du deinen Weg meisterst. Zu oft habe ich gesehen, wie Menschen, die den Weg nicht gegangen waren, teilweise erst nach zwanzig Jahren des Wartens aufgewacht sind und voller Erschrecken bemerkten, dass ihr Leben beruflich, finanziell, familiär und freundschaftlich gesehen ein Scheiterhaufen geworden war. Deswegen vertrau mir bitte und geh deinen Weg zurück zu dir. Glaub mir einfach, das Glück wartet auf dich, wenn du ihn gehst.

Mysterium Verstandesmensch

Auch für den Verstandesmenschen in der Dualseelen-Konstellation ist die erste Begegnung mit dem ersten Blick in die Augen etwas ganz Besonderes. Sofort hat auch er gemerkt, dass da etwas Magisches vonstattengeht. Auch er kann sich der übermenschlichen Anziehung meist nicht entziehen. Die Kennenlernphase genießt er traditionell in vollen Zügen. Den ersten Eindruck, das Flirten und die Sexualität beherrscht er meistens gut und fühlt sich dabei sicher und wohl. Zu Beginn macht er sich gar keinen Kopf und stürzt sich einfach ungehemmt in die wunderschöne Liebesverbindung.

Doch irgendwann kommt für ihn immer der Punkt, bei dem er sich fragt: »Wie geht es denn jetzt weiter?« Bisher hatte er ja »Das Auto nur Probe gefahren«, jedenfalls aus seiner Sicht, auf einmal wird er mit der Entscheidung konfrontiert, ob »er es auch kauft«. Die Beziehung wird immer realer und droht, in den Alltag einzudringen.

Wie schon angedeutet wurde, ist das der Punkt, bei dem der Verstandesmensch mit zu vielem gleichzeitig konfrontiert wird. Zum einen merkt er mehr und mehr, dass der Herzmensch ihm sehr schnell, ja sogar schneller als jemals jemand zuvor, extrem nahe gekommen ist. Er spürt zum ersten Mal seine Verletzlichkeit und starke Gefühle, die sich im Eiltempo entwickeln. Zum ersten Mal kommt Panik in ihm hoch. Um Liebe und Gefühle zuzulassen, muss man bekanntlich seinen Verstand ausschalten und die Kontrolle abgeben. Und genau das ist in fast allen Fällen das größte Lebensthema beim Verstandesmenschen. Er weiß, dass er dich liebt, hat aber Angst, die Liebe wirklich zu fühlen. Durch dich wird er damit so stark konfrontiert wie noch nie. Jedes Mal, wenn er mit dir in irgendeiner Form in Berührung kommt, will etwas in ihm Gefühle fühlen. Doch er weicht aus. Die Angst ist zu groß.

Es kommt nicht allzu oft vor, dass ich Verstandesmenschen als Klienten betreue. Grob geschätzt sind es circa einer von fünfzig. Dennoch reicht meine gesammelte Erfahrung aus, um typische Prägungen festzustellen, die alle Verstandesmenschen haben.

Alle hatten eine kalte Kindheit. Liebe und Geborgenheit waren so gut wie nicht vorhanden. Es war kein Platz für ihre sensible, weiche Seite, sodass sie diese nie richtig kennenlernen und erleben konnten. Zudem mussten sie bereits in jungen Jahren Verantwortung für die eigenen Eltern oder Geschwister übernehmen. Meist schon sehr früh lernten sie, ihren sensiblen, weichen Kern zu schützen, und bildeten eine dicke Schutzmauer um ihn herum. Sie schnitten sich von ihrer Gefühlswelt ab und lernten, künftig in ihrem Verstand zu leben.

Wie alle anderen grundlegenden Fähigkeiten sind Empathie und der Umgang mit Gefühlen etwas, das gelernt und erfahren werden will. Geschieht das in den entscheidenden Kindheitsjahren nicht, entwickeln wir tiefe Ängste davor. Diese wichtigen Anteile werden dann unter tiefen seelischen Schmerzen in den Schatten verdrängt und ignoriert. Oft habe ich von Verstandesmenschen in meiner Praxis dann den Satz gehört: »Ich weiß doch nicht einmal wirklich, was Liebe ist.« Als gefühlsbetonter Mensch konnte ich zu Beginn gar nicht wirklich nachvollziehen, wie sie das meinten, doch je tiefer ich in die Materie einstieg, desto mehr begriff ich: Sie meinten es wirklich so.

Aber es wurde noch interessanter. Einen weiteren Satz, den ich immer wieder von ihnen hörte, lautete: »Ich weiß nicht mehr, wer ich bin, wenn ich Liebe zulasse. Ich habe Angst, mich aufzulösen.« Auch dieses Bekenntnis konnte ich zu Beginn nicht wirklich nachvollziehen. Nach einer längeren Recherche fiel bei mir dann aber doch der Groschen und ich verstand. Liebe und Gefühle sind unpersönlich. Wenn wir Menschen in die Gefühlswelt abtauchen, vergessen wir für einen Moment komplett unsere Identität. Wir fühlen einfach! Und genau vor dem drohenden Identitätsverlust hat ein Verstandesmensch oftmals so große Angst, dass sie von der Intensität her mit der Angst vor dem Tod gleichzusetzen ist.

Ein weiteres Muster, das ich in der Zusammenarbeit mit Verstandesmenschen sah, war ihre tiefe Überzeugung, nur Liebe und Aufmerksamkeit durch Leistung zu bekommen. Wie wir wissen, verläuft die Kindheit bei den wenigsten Menschen ideal. In den seltensten Fällen werden ihnen Liebe und Aufmerksamkeit in Fülle zuteil. Außerdem lernen die meisten sehr früh, dass sie nicht geliebt werden für das, was sie sind. Um dennoch wenigstens ein kleines Stück vom »Kuchen der Liebe« abzubekommen, beginnen sie, Rollen zu spielen und sich anzupassen. Im Fall des Verstandesmenschen ist es auffällig oft so, dass er immerhin einen kleinen Krümel Lob, Anerkennung und einen Hauch Liebe bekam, wenn er erfolgreich war und Leistungen erbracht hatte. Schnell prägte es sich tief in sein Innerstes ein und dieses Muster wurde zu seinem Hauptantrieb im Leben. Außerdem war es ein weiteres Argument, die weiblichen Aspekte seiner selbst vollständig wegzudrücken und fortan nur noch in der männlichen Kraft zu leben, die ja unter anderem für Aktivität und zielgerichtetes Handeln steht.

Kein Wunder, dass die meisten Verstandesmenschen beruflich sehr erfolgreich sind. Hinzu kommt, dass sie aufgrund ihrer Prägung dazu neigen, ihren Selbstwert aus ihren beruflichen Erfolgen zu ziehen und sich darüber zu definieren. Zwischenmenschliche Beziehungen können für ihn bedingt durch sein Streben nach Erfolg schnell zu einem lästigen Störfaktor werden. Beziehungen müssen in seinen Augen einfach funktionieren. Er hat es gern, dass das Gegenüber sich an ihn und sein Leben anpasst. Zu viel »Gefühlsduselei« empfindet er nicht nur als äußerst störend, es überfordert ihn insgeheim auch.

Er hatte also sein Leben in seinen Augen perfekt aufgebaut. Beruflich war er erfolgreich, hatte alles im Griff, lebte in Beziehungen, die äußerlich betrachtet funktionierten, aber keinen Tiefgang hatten. Und dann taucht wie aus dem Nichts einfach seine Dualseele auf und bringt seine ganze Welt ins Wanken. Das kann er unter keinen Umständen akzeptieren, also flüchtet er. Große Verabschiedungen mit zu vielen Emotionen sind nichts für ihn, also schleicht er sich lieber klammheimlich davon oder baut den Kontakt nach und nach ab.

Er ist zuerst heilfroh, den Absprung geschafft zu haben. »Puh, das war knapp. Jetzt erst mal wieder den Kopf freikriegen.« Das ist eine typische Reaktion. Ihm fallen auch sofort tausend Dinge ein, die er tun kann: arbeiten, reisen, Sport, Partys ... Hauptsache aktiv sein.

Was er zu diesem Zeitpunkt noch nicht weiß, ist, dass er sich bereits mitten in seiner perfekt ausgeklügelten Vermeidungsstrategie befindet. Tage und Wochen vergehen, bis er das erste Mal ernsthaft an seinen Herzmenschen denkt. Seine Panik hat sich etwas gelegt und er erinnert sich zurück. Auch er hat nicht vergessen, wie besonders die Begegnung und die gemeinsame Zeit waren. Also meldet er sich. Da er zwar das Verlangen hat, seinen Herzmenschen zu kontaktieren, tiefe Emotionen aber immer noch nicht sein Ding sind, findet die Kontaktaufnahme eher auf oberflächlichem Niveau statt. Auch das haben wir schon angedeutet. Er ist froh und gleichzeitig beruhigt, wenn der Herzmensch reagiert. Es geht eine Weile hin und her. Man trifft sich wieder, hat Sex und genießt die gemeinsame Zeit. Doch dann passiert wieder das, was er schon ganz vergessen hatte. Wieder wird er mit tiefen Gefühlen konfrontiert, die ihn zu überrollen drohen. Erneut fällt ihm nur eine Lösung ein: Maske aufziehen und davonrennen. Über die Jahre ist er zum perfekten Maskenträger geworden. Selten lässt er sich »in die Karten« blicken. Nach außen wirkt er eher immer so, als hätte er alles im Griff.

Und so setzt sich der Kreislauf fort. Eine gewisse Zeit vergeht, bis er wieder verstärkt an seinen Herzmenschen denkt. Er kontaktiert ihn, nur um nach kurzer Zeit wieder Angst zu bekommen. Obwohl er es sich selbst noch nicht eingesteht, fühlt er sich insgeheim gefangen.

Der große Knall

Doch eines Tages ändert sich etwas. Plötzlich reagiert sein Herzmensch nicht mehr auf seine Nachrichten. Zu lange war dieser in einer Warteschleife gefangen und hat gelitten. Der Herzmensch hat erkannt, dass, obwohl die Liebe so groß ist, er sich doch mehr wert ist, als dass er sich mit gelegentlichen Treffen abspeisen lässt.

Der Verstandesmensch tut erst einmal so, als wäre ihm das egal. Im ersten Moment denkt er sich: »Dann halt nicht. Ich brauch dich sowieso nicht.« Der Kontaktabbruch ist für ihn ein Ansporn, sich nur noch mehr um sich und sein Leben zu kümmern. Das Tempo wird erhöht. Mehr Arbeit, mehr Sport, mehr Partys. Wie gehabt: Hauptsache aktiv sein und den Kopf freibekommen. Er redet sich ein, glücklich zu sein.

Doch in der hintersten Ecke seines Seins sitzen seine tiefen Gefühle, die immer lauter werden. Der Kampf beginnt. Wo es zu Beginn kein Problem für ihn war, sein Leben einfach weiterzuleben, als wäre nichts passiert, so geht das nun nicht mehr so leicht. Immer wenn es still wird, drohen die Gefühle, sich ihren Weg zu bahnen. Je häufiger das passiert, desto heftiger versucht er, gegen sie anzukommen: noch mehr Ablenkung, noch mehr Aktivität. Langsam merkt er jedoch, wie müde er dadurch wird.

Die Liebe ist die stärkste Kraft im Universum. Sich über lange Zeit gegen sie zu stellen erfordert einen hohen Energieaufwand. Der Leidensdruck wird größer. Immer stärker bahnen sich die Gefühle ihren Weg. Er bekommt seinen Herzmenschen nicht mehr aus dem Kopf und eine Abwärtsspirale beginnt. Die zunehmende Kraftlosigkeit nimmt ihn schwer mit. Gesundheitlich und beruflich läuft es immer schlechter. Befindlichkeiten, die er immer für lächerlich hielt wie depressive Episoden, überschatten nun sein Leben. Da er sehr leidensfähig ist, dauert es eine ganze Weile, bis er völlig entkräftet erkennt, dass er Hilfe braucht.

Vom Verstand ins Herz

Er ist am Ende. In letzter Zeit wurde ihm vieles bewusst. Er hatte Geistesblitze, in denen ihm klar wurde, dass er schon so lange niemanden an sich heranließ. Er beginnt, seine Kindheit aufzuarbeiten. Mühsam, aber stetig lernt er, seine Gefühlswelt anzunehmen. Bald darauf, nach all der langen Zeit des Kampfes, öffnet sich sein Herz. Geschafft! Wie ein Patient, der monatelang im Koma lag, fühlt es sich für ihn noch sehr wackelig an, seine neu entdeckte weibliche Seite in sein Leben zu bringen. Mittlerweile hat auch er verstanden, dass die Begegnung mit seiner Dualseele ein wahres Geschenk ist. Obwohl auch er sehr gelitten hat, beginnt er, Dankbarkeit zu entwickeln. Dennoch wird ihm spätestens jetzt, wo sein Herz offen ist, schmerzlich bewusst, wie unsanft er den Menschen, den er am meisten liebt, weggestoßen hat.

Peinlich berührt spielt er mit dem Gedanken, den Herzmenschen zu kontaktieren und ihm alles zu erklären. Doch was ist, wenn dieser gar nichts mehr von ihm wissen will? Was ist, wenn er ihn gar vergessen hat?

Eine weitere Urangst macht sich in ihm breit. Es ist die Angst, sich verletzlich zu zeigen, um dann doch wieder abgewiesen und verletzt zu werden. Ein weiterer Stein liegt im Weg. Was soll er nur tun? Weitere Tage vergehen, in denen er schlaflos hin und her überlegt. Doch er ist schon zu weit gekommen, um jetzt aufzugeben. Er nimmt seinen ganzen Mut zusammen und greift zum Hörer ...

Dies war ein typischer Prozess, den der Verstandesmensch bei Dualseelen durchläuft. Wie ich in der Zusammenarbeit mit ihnen erfahren durfte, leiden sie vor allem am Schluss ihres Dualseelen-Wegs sehr stark. Als sie mich kontaktierten und um Hilfe baten, waren sie bereits dabei, ihre Maske fallen zu lassen, und es war immer sehr berührend für mich zu sehen, wie sensibel und verletzlich sie hinter ihrer Fassade sind.

Während man bei dir jeden Schritt deiner Entwicklung erkennen kann, da du immer mehr aufblühst, ist es beim Verstandesmenschen ganz anders. Wegen seiner Maske der Perfektion kann man vom ersten Blick an bis zuletzt nicht erkennen, wie es in ihm aussieht. Es ist eher wie bei einem Vulkan. Innerlich brodelt es, aber man sieht so lange nichts, bis er ausbricht.

Elternthemen

Unsere Eltern sind die erste große Liebe in unserem Leben. Seit dem ersten Moment, als wir das Licht der Welt erblickten, konnten wir gar nicht anders, als sie zu vergöttern! Wir liebten sie so sehr, dass wir alles für sie getan hätten. Gleichzeitig hängt in frühen Jahren unser Leben von ihnen ab. Wir sind abhängig von ihnen. In einzelnen Fällen läuft die Kindheit so ab, wie es sein sollte. Die Eltern lieben das Kind bedingungslos und geben ihm den nötigen Halt, sich zu entwickeln und sich auf das Leben als Erwachsener vorzubereiten.

Die Norm sieht leider anders aus. Die Kindheit der meisten Menschen lief ungünstig bis traumatisch ab. Da die Mehrheit der Eltern unbewusst und in den eigenen Verletzungen ihrer

Kindheit gefangen sind, ist für das Kind nicht genug Liebe und Aufmerksamkeit vorhanden. Schnell lernt es, sein wahres Ich aufzugeben und Rollen zu spielen, um wenigstens ein klein wenig der heiß ersehnten Liebe abzubekommen. Das Kind spaltet Wesensanteile seiner selbst ab, um nicht in den Schmerzen unterzugehen.

Was erschwerend hinzukommt, ist, dass Kinder sehr feine Antennen haben und aus Liebe immer unbewusst darauf achten, dass die Familie stabil bleibt. Wenn in einer Familie zum Beispiel nie Wut gezeigt wird und unangenehme Themen verschwiegen werden, kann es sein, dass das Kind plötzlich verhaltensauffällig und rebellisch wird, um den Kreis wieder zu schließen und die Balance herzustellen. Wenn ein Kind merkt, dass ein Elternteil schwach ist, dann ist es aus Liebe sogar bereit, seine komplette Persönlichkeit aufzugeben, um diesen Elternteil retten zu wollen. Das Kind fühlt sich verantwortlich, und voller Zuversicht übernimmt es die Mission. So gut wie nie sind Kinder jedoch erfolgreich in dem Versuch, die Eltern zu retten. Sie geben sich die Schuld, es nicht geschafft zu haben, und denken sogar bis ins Erwachsenenalter, dass sie es deswegen nicht verdient haben, glücklich zu sein.

Du siehst also, wie stark wir bereits in der Kindheit geprägt werden. Den wenigsten ist es jedoch bewusst, sodass sie aufgrund der tiefen Verdrängung nie ein wirklich erfülltes Leben führen können. Dabei liegt doch so viel Entwicklungspotenzial darin, einmal zurückzublicken.

Da unser Leben immer nach Ganzheit strebt, sind unweigerlich auch unsere Beziehungen ein Abbild der Kindheit. Unsere Partner spiegeln bekanntlich unsere Wunden. Wir ziehen dann zum Beispiel einen Partner an, der uns wie der eigene Vater nicht sieht oder schlecht behandelt. Blicken wir zurück und durchschauen wir diese Dynamik, so können wir unsere Wunden der Kindheit transformieren und auch in Beziehungen endlich unser Glück finden.

Wie du schon weißt, sind Dualseelen die deutlichsten Spiegel überhaupt. Die Dualseele macht uns ungefiltert und unglaublich schnell auf die Wunden der Kindheit aufmerksam. Ähnlich wie bei den Seelenwunden habe ich über die Jahre bestimmte Elternthemen gefunden, die häufig beim Herzmenschen zu finden sind, und solche, die vermehrt beim Verstandesmenschen vorkommen.

Du wirst mit dem nun folgenden Überblick nicht nur ein tieferes Verständnis erlangen, sondern schließlich auch in der Lage sein, die Themen für dich zu klären.

Typische Elternthemen des Herzmenschen

Die ersten Kindheitsjahre verbringen wir in der sogenannten natürlichen Konfluenz mit unserer Mutter: Die Kontaktgrenze fehlt, Mutter und Kind bilden eine Einheit, sie »fließen zusammen«. Das Kind bekommt Liebe und Geborgenheit. Doch dann erwachen beim Kind nach einigen Jahren das eigene Ich und der natürliche Drang, die Welt für sich und die eigene Persönlichkeit zu entdecken. Das Kind nabelt sich von der Mutter ab.

In meiner Zusammenarbeit mit Herzmenschen stellte ich fest, dass bei auffällig vielen beim Vorgang der Abnabelung etwas gehörig schiefgegangen ist. Die Gründe dafür können vielfältig sein. Wenn die Mutter eine innere Leere in sich trägt, kann es sein, dass sie das Kind in ihrem Kreis festhält. Es kann sich nicht richtig abnabeln und beginnt, eine Angst vor dem Leben ohne die Mutter zu entwickeln. Es wird von ihr abhängig.

Ein weiteres Szenario ist, dass das Kind spürt, dass die eigene Mutter sehr schwach ist, sodass es freiwillig im Kreis der Mutter bleibt und sein natürliches Bedürfnis, sich abzunabeln, ignoriert.

Die fehlende innere Abnabelung, die ich bei den Herzmenschen bemerkte, wurde ihnen sehr deutlich von ihrer Dualseele gespiegelt. Als sie das Thema transformierten, veränderte sich ihre Außenwelt sofort.

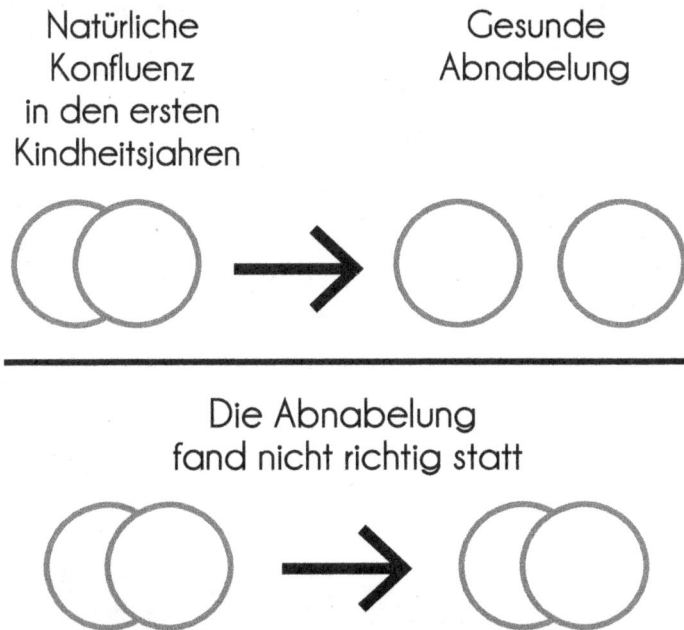

Typische Elternthemen des Verstandesmenschen

Wie wir schon sagten, ist beim Verstandesmenschen in der Kindheit das Gegenteil der Fall gewesen. Er hat die Nestwärme und Liebe, die ein Kind brauchte, in den entscheidenden Jahren viel zu wenig oder gar nicht bekommen. Schnell verdrängte er unter tiefen Schmerzen seine weiche Seite und bildete viel zu früh seine Persönlichkeit aus. Oft musste er, ohne dass sein eigenes Bedürfnis, Kind sein zu dürfen, erfüllt wurde, Verantwortung für die Eltern oder Geschwister tragen, beispielsweise wenn die Eltern krank, substanzabhängig, berufsbedingt oder sonstwie

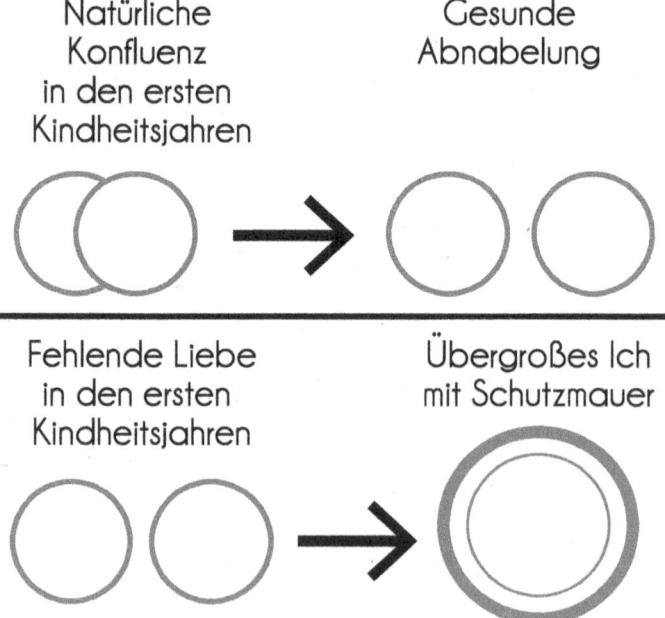

stets abwesend waren und sich nicht oder nicht ausreichend um die eigenen Kinder kümmerten oder kümmern konnten.

Die Kraft der Vergangenheit: von den Eltern zu den Ahnen

Der erste Impuls, den Menschen haben, wenn sie an die Wunden ihrer Kindheit denken, ist, den eigenen Eltern die Schuld zu geben. Klar, sie waren es ja schließlich, die sie nicht so geliebt haben, wie sie sind, und ihnen immer wieder wehtaten, nicht wahr?

Sicher, diese Sichtweise ist bequem, aber die Wahrheit liegt viel tiefer. In Wirklichkeit haben wir uns auf der Seelenebene unsere Eltern genau ausgesucht, um genau das zu erfahren, was wir erlebten. Warum? Wir wollen wachsen. Wir umgaben uns mit Schatten, um darin unser Licht zu erkennen.

Der goldene Weg ist also, die Verantwortung für die Wunden zu übernehmen, die uns unsere Eltern zufügten, anstatt sie zu projizieren. Wenn wir das tun, liegt die darauf folgende Entscheidung, die Elternthemen zu lösen, nicht mehr in weiter Ferne. Um wirklich frei zu werden, nehmen wir im letzten Schritt die wohl edelste aller Haltungen ein: die Vergebung.

Um den eigenen Eltern in der Tiefe vergeben zu können, lohnt es sich, zu sehen, wovon sie abstammen. Und hier kommen die Ahnen ins Spiel. Auch unsere Eltern hatten wiederum Eltern, die in ihren eigenen Verletzungen gefangen waren, ebenso wie die Großeltern, Urgroßeltern und so weiter. Die ganze Ahnenreihe hat ihre Themen an die nächste Generation weitergegeben. Keiner war bisher in der Lage, die Kette zu durchbrechen.

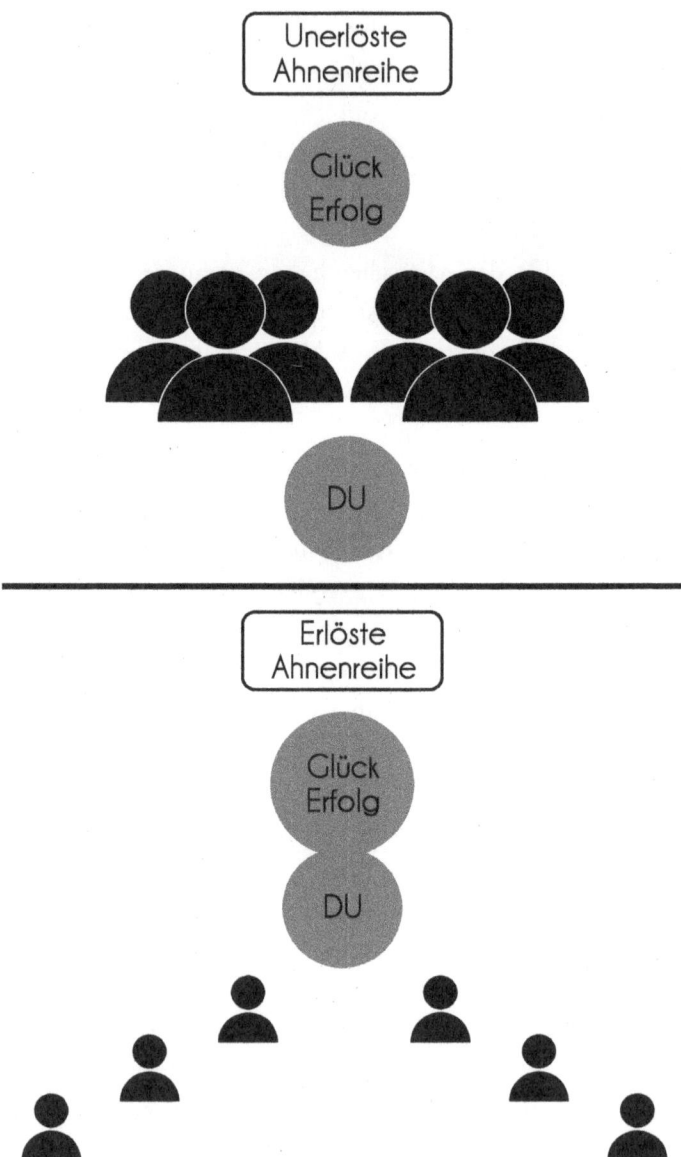

Und nun stehen wir vor der Entscheidung, weiterhin die Schuld unseren Eltern zu geben oder Vergebung zu finden, die Kette zu sprengen und uns und unsere Ahnen zu befreien.

Ich kann dir nur raten: Tu es! Befreie dich! Magische Veränderungen stelltten sich ein, als meine Klienten ihre Ahnenreihe heilten und Vergebung fanden.

Wenn du jetzt bereit bist, diesen Schritt zu gehen, habe ich tolle Neuigkeiten für dich! Über die Jahre habe ich eine äußerst kraftvolle Meditation entwickelt, in der meine Klienten in einem bestimmten Ruhezustand innerlich eine höhere Position einnehmen und sich mit der Ahnenreihe verbinden. Tiefe Transformation und Vergebung werden eingeleitet. Dann gehen wir sogar noch einen Schritt weiter und stellen energetisch unsere Ahnen hinter uns. Bis zuletzt ist es nämlich so, dass, wenn wir noch mit unseren Ahnen verstrickt sind, sie uns auf energetischer Ebene sogar im Weg stehen und uns von Glück und Erfolg abhalten. Kommt man in die Transformation und die Vergebung, und stellt man die Ahnenreihe auf energetischer Ebene hinter sich, so bekommen wir plötzlich sogar noch die Kraft der Ahnen zur Verfügung gestellt. Ein unglaublich positiver Wandel stellt sich ein!

Heutzutage führt jeder meiner Klienten diese Meditation durch, und das Feedback, das ich immer wieder bekomme, lässt mich jedes Mal aufs Neue staunen!

Mein Geschenk an dich!

Gute Nachrichten für dich! Da ich mir für alle Leser dieses Buches wünsche, dass sie sich entwickeln, zu sich finden und eine wundervolle Beziehung leben, stelle ich dir meine Meditation »Nutze die Kraft deiner Ahnen« zur Verfügung. Du kannst sie dir hier gleich anhören: www.dualseelen-zeit.de/ahnen.

Das Mindset eines Meisters

Sicher kannst du dich noch an die Tage unmittelbar nach der magischen ersten Begegnung mit deiner Dualseele erinnern. Wie ein Blitz aus heiterem Himmel hat es dich getroffen, und in einem Moment der Stille kam dir schon der erste Impuls, dass dieses Treffen dein ganzes Leben für immer verändern würde. Zeit und Raum begannen, zu verschwimmen, und in dir breitete sich ein Gefühl aus, »zu Hause« angekommen zu sein.

Was du damals noch nicht wusstest, war, dass du dich tatsächlich am Start des wohl anspruchsvollsten Seelenwegs überhaupt befunden hast. Schon nach kurzer Zeit wurde dir das, worüber du dich so gefreut hattest, aber wieder genommen. Es begann ein unaufhaltsamer Prozess, der keinen Stein auf dem anderen ließ und dich für immer veränderte. In meiner Arbeit beobachtete ich immer wieder, dass die Prozesse, die dadurch angestoßen werden, so tief greifend sind, dass sie sich kaum in weniger als einem Jahr meistern lassen. In der Regel dauert es eher ein bis drei Jahre.

Wenn deine Begegnung schon länger als drei Jahre her ist, solltest du dir aber keine Vorwürfe machen! Wie ich schon erwähnt habe, spielt Zeit keine Rolle, sondern Entwicklung. Mit dem Erwerb dieses Buches hast du bereits in deinen Weg investiert. Und falls es dich beruhigt: Mein eigener Prozess begann Anfang 2013, und es dauerte bis Anfang 2018, dass ich das Gefühl hatte, diesen Weg gemeistert zu haben.

Was ich bei mir und bei allen anderen, die diesen Weg meisterten, festgestellt habe, ist, dass es ein ganz bestimmtes Mindset braucht, eine bestimmte Geisteshaltung, um die Stürme der Seele zu überstehen und die Wellen zu reiten. Im Folgenden erläutere ich dir genauer die Elemente des Mindsets eines Meisters, die es auf diesem Weg braucht.

Trainingslager

> »Dein Mindset und dein Wille, diesen anspruchsvollen Weg durchzugehen, werden dich am Ende erfolgreich sein lassen.«

Die größten Persönlichkeiten dieser Erde sind allesamt extrem schwere Wege gegangen, bevor sie zu ihrem wahren Ich erwachten. Byron Katie, eine der führenden Bewusstseinslehrerinnen dieser Welt, lebte über zehn Jahre in tiefster Depression und erlaubte sich aufgrund ihres Selbsthasses zuletzt nicht einmal mehr, in ihrem Bett zu schlafen, sondern übernachtete auf ihrem kalten Fußboden. Doch eines Morgens erwachte sie und hatte eine tiefe Erkenntnis: dass sie nicht ihre Gedanken war, sondern die Präsenz, die sich ihrer Gedanken bewusst geworden ist. Diese Tatsache ließ ihr Ego, also das falsche Bild von sich selbst, das sie über die Jahre aufgebaut hatte, im Nu auflösen.

Ich bin der Meinung, dass die meisten großen Seelen schwere Wege bekommen, um zu erwachen. Denn dafür sind wir hier. Unsere Welt der Dualität hilft uns, zu erkennen, wer wir sind und wer wir nicht sind. Der Schmerz des Verlustes der Liebe unseres Lebens schmiedet uns so lange, bis wir erkennen, dass wir selbst die Liebe sind. Ein Diamant entsteht unter enormem Druck über einen langen Zeitraum. Und genau dafür hast du dich auf höherer Ebene angemeldet: ein Diamant zu werden! Um diese lang anhaltenden Schmerzen zu überstehen, hilft dir dieses Mindset.

Sieh den Weg als Trainingslager! Egal, was das Leben dir jetzt spiegelt und welche emotionalen Schmerzen du durchmachst, am Schluss zählt es!

Was ich dir noch gar nicht erzählt habe: Einige Wochen nachdem meine Dualseele mich verlassen hatte, bekam ich einen Nebenjob in einem Café, das sich in derselben Straße befand, in der sie wohnte und arbeitete. Große Ängste überkamen mich bei dem Gedanken, die Höhle des Löwen zu betreten und mich der Möglichkeit zu stellen, sie Tag für Tag zu sehen. Was ist, wenn sie mich ignoriert? Was ist, wenn sie jemand anderen hat? Ich wusste jedoch damals schon über Dualseelen Bescheid und begann, es sportlich zu sehen. Ich hatte bereits das Mindset integriert, es als Trainingslager für meine Entwicklung zu betrachten. Zudem kam dieser Job so schicksalhaft auf mich zu, dass ich schließlich zusagte.

Als ich die ersten Tage dort arbeitete, war es dann so weit. Ich sah sie vorbeilaufen. Mit einem anderen Mann, Hand in Hand. Du kannst dir wahrscheinlich gut vorstellen, wie ich mich fühlte. Mir wurde schlecht, ich hatte Angst und Panik. Ein Teil von mir wollte am liebsten hinrennen und sie auf Knien anflehen, zu mir zurückzukommen. Doch ich hatte bereits dieses Mindset.

Also kam ich auf die Idee, mich selbst zu fragen: Okay, was macht es denn mit mir, dass sie jemand anderen hat? Angst, sie zu verlieren, Eifersucht, Wertlosigkeit zeigten sich. Am Abend setzte ich mich hin und begann, diese Emotionen mit den Techniken zu transformieren, die ich schon kannte. Und siehe da, am nächsten Tag war ich einen Schritt weiter. Und so verbrachte ich die nächsten Monate. Wie ein Mantra fragte ich mich Tag für Tag aus: Was macht das alles heute mit mir? Einige Monate später blickte ich zurück, voller Erstaunen, wie weit ich bereits gekommen war. Das Mindset, diesen Weg als Trainingslager zu sehen, hat mir geholfen, nicht aufzugeben und schnelle Entwicklungsschritte zu gehen.

Ich kann dir nur ans Herz legen, es auch in dein Leben zu bringen.

Deine Dualseele ist zurück in seine alte Ehe? Egal, geh durch die Schmerzen, am Schluss wirst du ernten! Du leidest an der Trennung, und jetzt wurde dir auch noch dein Job gekündigt? Egal, transformiere das, was es mit dir macht, und richte dich neu aus, denn am Schluss wirst du ernten! Dieses Mindset hat mich und meine Klienten jeden heftigen Sturm überstehen lassen. Und auch für dich gilt: Du musst nur einmal öfter aufstehen, als du hingefallen bist. Tu es, jetzt!

Willkommen in deinem Trainingslager!

Bodenständig bleiben!

Dieses Mindset liegt mir ganz besonders am Herzen. Vielleicht hast du schon vor der Lektüre dieses Buches über das Thema »Dualseelen« recherchiert. Viele meiner Kollegen respektiere ich. In meinen Augen schlachten viele dieses Thema jedoch auch aus und bringen den Betroffenen bei, zwanghaft an der Dualseele festzuhalten und sich darin zu verlieren. Sie stellen nur die spirituelle Seite der Konstellation dar.

Ich sehe es so: Ja, du und deine Dualseele teilen ein tiefe, spirituelle Verbindung, jedoch mit ganz bodenständigen Lernaufgaben, die gemeistert werden wollen. Wenn du alle einschlägigen Begrifflichkeiten mal beiseitelässt, dann bist du einem Menschen begegnet, für den du so eine tiefe Liebe verspürst wie für niemanden zuvor. Beim jetzigen Stand kannst du dir nicht vorstellen, dass es jemand anderen gibt, der dem nahekommen könnte. Allerdings klappt es gerade nicht zwischen euch, denn dein Partner hat sich zurückgezogen. Alles, was dir auf bodenständiger Ebene übrig bleibt, ist, die Liebe, die du fühlst, erst einmal frei zu machen von allem, was wehtut, und ins Vertrauen zu kommen, dass alles, was für dich bestimmt ist, (zurück) in dein Leben findet. Wenn du dieses bodenständige Mindset hast, wirst du in eine wunderbare Entwicklung gehen und alle Lernaufgaben meistern! Konzentrierst du dich hingegen zu sehr auf die spirituellen Aspekte, ist die Gefahr sehr groß, dass du dich darin verlierst und stehen bleibst.

Vergebung

»Wenn du vergibst, befreist du vor allem dich selbst.«

Vergebung ist wie gesagt etwas ganz, ganz Großes! Jemandem in der Tiefe zu vergeben, der einen verletzt hat, ist alles andere als leicht. Ein Beispiel, das mir dazu immer einfällt, wird dir verdeutlichen, wie groß Vergebung sein kann.

Vor einiger Zeit habe ich in den sozialen Medien ein Video gesehen, das eine Mutter im Gerichtssaal zeigte. Sie war dort, weil der Mörder ihres Sohnes an diesem Tag verurteilt wurde. Stell dir vor, dein eigenes Kind wird umgebracht, und du stehst dem Mörder gegenüber. Was würdest du tun? Sie ging zum Mikrofon mit Tränen über ihrem ganzen Gesicht, und ich dachte, dass nun eine wahre Hassrede folgen würde. Doch ihre Worte haben mich zu Tränen gerührt. Sie richtete ihren Blick direkt auf den Mörder und sagte: »Ich weiß, alles hat seinen Sinn. Und ich weiß, mein Sohn ist im Himmel, an einem schönen Ort. Ich bin hier, um dir zu vergeben.« Diese Worte haben auch den Mörder so überrascht, dass er sofort in Tränen ausbrach. In der nächsten Szene sah man, wie sowohl die Familie des Mörders als auch die Familie des Opfers sich weinend in den Armen lagen. Jedes Mal, wenn ich an diese Geschichte denke, bin ich einfach nur gerührt. Vergebung ist groß!

Hier mal ein Versuch, dir zu veranschaulichen, warum Vergebung etwas sehr Edles ist. Belastende Emotionen wie Angst oder Trauer haben beispielsweise eine niedrig schwingende Frequenz. Emotionen wie Freude oder Vertrauen haben eine hoch schwingende Frequenz. Wie du in der Darstellung der Leiter des Bewusstseins gut erkennen kannst, ist zum Beispiel Liebe schon sehr, sehr hoch schwingend. Noch über der Liebe steht aber Vergebung!

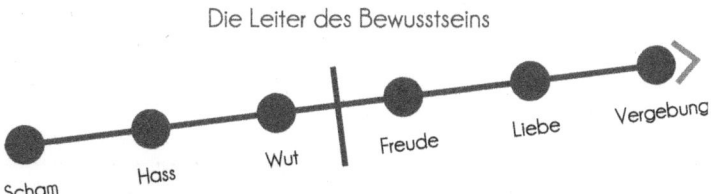

Wenn wir es schaffen, zu vergeben, übernehmen wir die volle Verantwortung für das, was passiert ist, und akzeptieren es in der Tiefe. Wir geben es auf, ein Erlebnis als gut oder schlecht zu bewerten, transformieren damit die Vergangenheit und verschmelzen mit der Gegenwart. So hebt man Dualität auf. Wahre Meister vergeben! Um jedoch wahrhaftig vergeben zu können, gilt es erst einmal, alles, was der Vergebung entgegensteht, zu transformieren. Wenn zum Beispiel jemand in meine Praxis kommt mit dem Wunsch, für etwas zu vergeben, ist der erste Schritt, ihn zu fragen, was es noch mit ihm macht, wenn er an die schmerzhafte Situation denkt. Meistens sind da erst mal ein tiefer Schmerz und Trauer. Wut und gar Hass tauchen im zweiten Schritt häufig auch noch auf. Erst wenn es uns gelungen ist, diese Emotionen zu transformieren, leite ich die Vergebungssequenz ein mit der Folge, dass mein Klient eine tiefe Befreiung fühlt.

Bitte geh in dich und überprüfe, was in dir noch verhindert, dass du deiner Dualseele vergibst. Du kannst das, was du gefunden hast, ebenfalls am Ende des Buches mithilfe der Ho'oponopono-Transformationstechnik lösen.

Was noch verhindert, dass du deiner Dualseele vergeben kannst:

_____

_____

_____

Geduld

Ein wahrer Meister ist geduldig, denn er weiß, dass alles, was wirklich zu ihm passt, zum perfekten göttlichen Timing (zurück) in sein Leben finden wird. Ich weiß, das hört sich einfach an, aber im echten Leben ist es natürlich alles andere als das. Vielleicht hast du wieder einmal eine Phase, in der dich alles anödet. Du hast über Monate nichts von der Liebe deines Lebens gehört und würdest sie am liebsten aus deinem Herzen kicken, so genervt bist du. Im Dualseelen-Prozess will dich das Leben eine wichtige Lektion lehren: Geduld.

Für mich war es die schwerste Lektion überhaupt. Zu Beginn meines Weges fühlte ich mich schlecht, weil es mir immer so vorkam, als wäre ich zu langsam und würde es nicht hinbekommen. Doch irgendwann blickte ich zurück und sah, dass ich innerhalb kurzer Zeit mich und meine Berufung lebte. Ich hatte begonnen, Seminare zu geben, obwohl es ja immer meine größte Angst war, vor anderen zu sprechen. Auf einmal dachte ich mir: »Wow, eigentlich gar nicht so schlecht.« Und irgendwann wurde ich immer besser darin, geduldig zu sein.

Mit dem Dualseelen-Weg ist es so, als würde man in einer Waschmaschine sitzen, die permanent im Schleudergang ist.

Es scheint kein Ende zu nehmen, und da es immer wieder schleudert, sieht man gar nicht so genau, wie weit man eigentlich schon gekommen ist. Geduld ist wichtig und gut für dich.

Mir gefällt der Vergleich mit dem chinesischen Bambusbaum sehr gut. Der Bambusbaum wächst in den ersten fünf Jahren nicht aus der Erde heraus. Er bildet ein großes Netzwerk an Wurzeln, doch er wächst erst einmal nicht in die Höhe. Aber jetzt kommt es: Nach fünf Jahren fängt er an, sehr schnell zu wachsen. Pro Tag kann er zwei bis dreißig Zentimeter wachsen. Bis zu dreißig Zentimetern! Und genau so wird es bei dir sein. Sei deswegen geduldig, selbst wenn du manchmal das Gefühl hast, auf der Stelle zu treten. Schließlich wirst du blühen und eine wundervolle Liebe leben. Um es mit einem Sprichwort abzuschließen: Jede große Liebe ist die Geschichte großer Geduld!

Ein wahrer Meister handelt

Früher wurden Meister, die die Erleuchtung und den inneren Frieden erlangt haben, als Menschen beschrieben, die sich auf einen Berg zurückzogen und Tag und Nacht meditierten. Aber die jetzige Generation ist anders! Die Meister unserer Zeit sind mitten im Leben. Sie wirken unter den Menschen und bringen ihre Gaben in die Welt. Und das ist auch genau das, was es in dieser Zeit des Wandels braucht. Wenn du als Herzmensch in deine Kraft und Größe kommst, bist du ein wahres Juwel. Durch dein gutes Herz wirst du deinen Erfolg nicht für dein Ego nutzen. Du wirst dem großen Ganzen dienen; und wenn du mit deinem Erfolg Überfluss generierst, wirst du mit deinem Geld soziale Projekte unterstützen. Du hast nicht den Hauch einer Ahnung, wie wertvoll das für die Welt ist! Und an diesem Punkt hat dich das Universum auch ein klein wenig ausgetrickst. Es weiß genau, dass, wenn du von Anfang an mit deiner Dualseele zusammengeblieben wärst, du wahrscheinlich niemals in deine wahre Größe gegangen wärst. Du warst eine Knospe ... Aber wir brauchen die Blume! Deswegen wurde die Trennung eingeleitet in dem Wissen, dass die einzige Medizin für die tiefen Schmerzen, die du nach dem Verlust spürtest, dein wahres Ich sein wird. Ziemlich clever vom Universum, oder?

Herzmenschen neigen dazu, zu glauben, dass ihnen das Leben passiert. Sie wissen oft nicht, dass wir Menschen wahre Schöpfer sind, die die Macht haben, sich ihr Leben zu kreieren. Ich kann schon gar nicht mehr zählen, wie oft ich einen Dialog wie den folgenden mit Klienten geführt habe:

Klient: »Ich bin stolz auf mich, denn ich habe mir jetzt endlich einen Praxisraum in meiner Wohnung eingerichtet, in dem ich meine Klienten betreuen kann.«

Ich: »Und was tust du, um Klienten zu bekommen?«

Klient: »Ach, ich glaube, dass mich die Richtigen schon finden werden.«

Das Traurige daran ist, dass viele, mit denen ich solche Gespräche führte, nach kurzer Zeit aufgaben und wieder in ihre alten Jobs zurückgingen. Sie dachten sich: »Ich hab's ja probiert, doch es hat nicht sollen sein.« Der Grund für ihr Scheitern war: fehlendes Handeln! Wir haben die Fähigkeit, mit unserem Handeln in die materielle Welt einzugreifen und uns die Dinge durch unser Tun zu erschaffen. Was glaubst du, wie es dazu gekommen ist, dass du dieses Buch in den Händen hältst? Ich habe mir genau überlegt, wie ich dafür sorgen kann, dass du auf mich aufmerksam wirst, was ich sage, damit du erkennst, dass es für dich gut wäre, es zu lesen. Deswegen: Sei mutig! Handle! Triff Entscheidungen!

Warum jetzt die beste Zeit ist, deinen Weg zu gehen

Der Dualseelen-Weg ist der wohl anspruchsvollste, den eine Seele hier auf Erden gehen kann. Die seelischen Schmerzen und intensiven Entwicklungsschritte, denen man ausgesetzt ist, sind nichts für jedermann. Die Entscheidung, die Herausforderung anzunehmen und sich den Lernaufgaben und eigenen Schattenseiten zu stellen, bedarf der Stärke eines Löwen. Diesen wichtigen Schritt, es wirklich anzupacken, zögern jedoch viele hinaus. Vielleicht hast auch du dich noch nicht ganz entschieden loszugehen.

Diese Zeilen sollen dir einen Extraschwung Motivation geben, jetzt in den Spiegel zu sehen und den Weg zu gehen. Auch wenn es sich in deiner Situation wie ein schlechter Witz anhört: Du hast Glück! Ja, richtig, ohne dass du es weißt, hast du den wohl besten Zeitpunkt gewählt, deiner Dualseele zu begegnen.

Es gibt zwei Gegebenheiten, die dir, wenn du dich mit ihnen verbindest, einen fast schon unfairen Vorteil verschaffen: das morphische Feld und die Schwingungsfrequenz der Erde.

Das morphische Feld

Ein großes Informationsfeld umgibt unsere Erde, mit dem alle Lebewesen verbunden sind. Vögel zum Beispiel, die wie durch Zauberhand in einer Schar exakt dieselben Bewegungen fliegen, orientieren sich am morphischen beziehungsweise morphogenetischen (gestaltgebenden) Feld. Je nach unserer innerlichen Ausrichtung sind wir mit bestimmten Feldern verbunden. Da das Universum weder gut noch schlecht ist, erlebst du schlichtweg immer nur die Situationen, die deiner Anbindung ans morphische Feld entsprechen. Wenn du zum Beispiel den Glaubenssatz »Ich bin wertlos« in dir trägst, so bist du gleichzeitig mit dem morphischen Feld von »Ich bin wertlos« verbunden. Das Leben kann also gar nicht anders, als dir immer wieder das zu liefern, womit du verbunden bist. Das ist ein Gesetz! Wie verhext ziehst du immer wieder Menschen an, die dich behandeln, als seist du wertlos – bis du es erkennst und dich neu orientierst. Und jetzt kommt das wirklich Faszinierende: Nach der Evolution geht alles, was wir Menschen und Lebewesen neu dazulernen, irgendwann ins morphische Feld über.

Ein Beispiel: Man hat ein Experiment gemacht, bei dem man Affen beigebracht hat, mit einem bestimmten Werkzeug eine Kokosnuss zu öffnen. Immer wieder lehrten die Wissenschaftler neue Affen diese Fähigkeit. Dann passierte das Wunder: Der hundertste Affe hatte diese Fähigkeit, mit dem Werkzeug die Kokosnuss zu knacken, ohne dass es ihm beigebracht wurde. Doch wie war das möglich? Die Tatsache, dass mehr und mehr Affen die neuen Fähigkeiten erlernt hatten, sorgte dafür, dass dies ins morphische Feld überging. Als ein gewisser Schwellenwert erreicht war, konnten weitere Affen automatisch auf dieses Wissen zugreifen, ohne es bewusst gelernt zu haben.

Du fragst dich jetzt vielleicht, was das Ganze mit dir und deinem Dualseelen-Weg zu tun hat … Eine ganze Menge! Beobachtungen zeigen, dass in den letzten zehn Jahren die Dualseelen-Begegnungen fast exponentiell zugenommen haben. Alles, was die mutigen Vorreiter in den vergangenen Jahren bereits schmerzlich durchgemacht und gelernt haben, ging bereits ins morphische Feld über. Und du profitierst davon. Das ist genial! Was also vor zehn Jahren noch zwei Jahre brauchte, bis es integriert war, geht jetzt schon in der Hälfte der Zeit. Und es geht immer schneller und schneller. In meiner Arbeit mit Klienten kann ich dieses Phänomen täglich beobachten. Ihre Entwicklungsschritte sind mittlerweile so schnell, dass ich, ohne mit der Wimper zu zucken, behaupten kann, dass die Prozesse allein in den letzten sechs Monaten deutlich schneller abliefen als zuvor. Ein Hoch auf die Evolution!

Wieso also noch warten? Jetzt ist die Zeit, alle Weichen auf Entwicklung zu stellen und diesen wunderschönen Weg des inneren Wachstums zu gehen.

Die Schwingungsfrequenz der Erde

Ein weiteres Argument dafür, dich jetzt deiner Entwicklung zu widmen, ist – einfach gesagt –: Die Sterne stehen gut! Derzeit befinden wir uns in einem globalen Prozess des Wandels, denn die Schwingungsfrequenz unseres Planeten erhöht sich permanent. Diese Gegebenheit nehmen sensible Menschen ganz deutlich wahr. Sie haben eine veränderte Zeitwahrnehmung, Stimmungsschwankungen und bemerken, dass ihre Lebensthemen immer schneller hochkommen.

Und genau das ist eine riesige Chance für dich! Die Weichen stehen auf Wachstum und Veränderung. Die Möglichkeit, sich schnell weiterzuentwickeln, war noch nie besser als in dieser Zeit! Alles, was du tun musst, ist, dich anzuschnallen und auf den Wellen mitzureiten! Auch wenn es dir nicht so vorkommt, du hast sehr viel Glück, in diesen Zeiten zu leben! Deine Seele wird sich entwickeln; und wenn du dich in den Rhythmus des Planeten einklinkst, legst du den Turbogang ein. Nutze die Tatsache, dass der Rhythmus deiner Entwicklung immer schneller abläuft und die Lebensthemen hochkochen, und transformiere sie gezielt mit effektiven Techniken wie Ho'oponopono.

Dualseelen und Glaubenssätze

Glaubenssätze bestimmen unser ganzes Leben! In einem Seminar vor wenigen Jahren habe ich erfahren, dass wir Menschen bis zu unserem sechsten Lebensjahr rund hunderttausend negative Glaubenssätze internalisiert haben sollen. Ob sie nun in dieser Weise ausgesprochen wurden oder wir unsere Eindrücke so interpretiert haben: Wir werden gesteuert von irrationalen Überzeugungen wie »Du kannst das nicht«,

»Wir wollten ja sowieso lieber einen Sohn«, »Wenn du das machst, verlassen wir dich« und so weiter.

Fatalerweise ist unser Unterbewusstsein in den frühen Kindheitsjahren weit offen. Alles, was wir von unserem näheren Umfeld hören oder erleben, speichern wir unreflektiert auf unserer »Festplatte«. Bis wir erwachsen sind, kommen dann natürlich noch viele weitere negative Glaubenssätze hinzu. Die Festplatte ist erst einmal beschrieben und steuert fortan aus dem Unterbewusstsein heraus unser Leben.

Die traurige Wahrheit ist, dass nach wie vor über neunzig Prozent unserer Zeitgenossen das nicht hinterfragen. Ihr Verhalten wird insgeheim von all den Glaubenssätzen bestimmt, die sie in der Kindheit und Jugendzeit gebildet haben. Es ist zum Verrücktwerden: Glaubenssätze sind so mächtig, dass bereits einer das ganze Leben zerstören kann.

Angenommen, du wärst ein Jahrhunderttalent als Pianist. Über viele Jahre hättest du deine Fähigkeiten perfektioniert und Klavierstücke komponiert, die einem das Herz höherschlagen ließen. Wer deine Musik hören würde, wäre sofort tief berührt. Doch du gehst einfach nicht nach draußen damit. Du hast Angst. Zu oft hast du in deiner Kindheit Ablehnung erfahren, sodass sich in dir schließlich der Glaubenssatz »Ich bin nicht gut genug« dermaßen gefestigt hat, dass es dich davon abhält, dein Talent zu zeigen.

Wie viele Träume sind wohl schon durch negative Glaubenssätze geplatzt? Wie viele Menschen fühlten sich durch negative Glaubenssätze ihr Leben lang unglücklich? Und wie viele Dualseelen-Beziehungen wurden wohl schon aufgrund negativer Glaubenssätze blockiert?

Du siehst also, wie stark dieses Thema Menschen beeinflussen kann, ohne dass die meisten es überhaupt merken. Doch das Ganze geht sogar noch tiefer. Die Sache mit den Glaubenssätzen zieht noch weit größere Kreise, als man vielleicht denken mag. Hier mal eine Übersicht der verschiedenen Ebenen von Glaubenssätzen, die auch für deinen Dualseelen-Weg von Bedeutung sind.

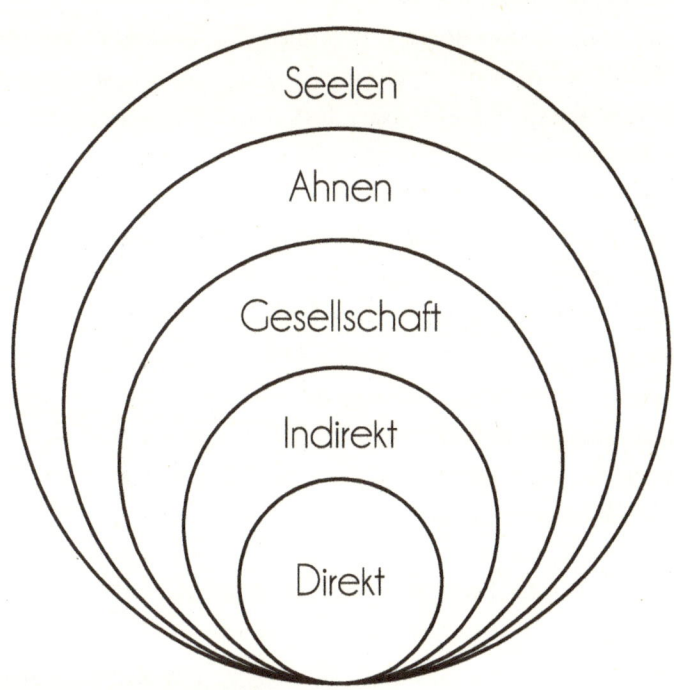

Direkte und indirekte Glaubenssätze

Die *direkten* Glaubenssätze speichern sich in uns, wenn wir sie, vor allem in der Kindheit, von Menschen in unserem Umfeld hören. »Du bist zu dumm dafür« oder »Du bist nutzlos« sind typische Botschaften, die viele zu hören bekommen und tief in ihr Unterbewusstsein verdrängen, von wo sie aus dem Verborgenen ihr Verhalten mitbestimmen.

Was würde sich wohl ein kleiner Junge denken, wenn seine Geschwister immer ausreichend Aufmerksamkeit und Zuwendung bekämen und er nicht? Am Anfang fände er es vielleicht noch merkwürdig und ungerecht, sodass er wütend würde. Passierte das jedoch immer wieder, würde sich in ihm der unbewusste Glaubenssatz festigen: »Wahrscheinlich bin ich es nicht wert, dass man mich beachtet und sich mir zuwendet.« Dies wäre ein Beispiel dafür, wie ein *indirekter* Glaubenssatz entsteht. Hierbei leiten wir Glaubenssätze aus dem offensichtlich konkludenten, also nonverbal schlüssigen Verhalten anderer ab. Ebenso interpretieren wir prägende Situationen und festigen auch daraus Überzeugungen über uns. Wenn man zum Beispiel immer der schlechteste Schüler in der Klasse war, ist die Wahrscheinlichkeit sehr hoch, dass sich die allgemeine Überzeugung, man sei schlecht, tief ins Unterbewusstsein verankert.

Gesellschaftliche Glaubenssätze

Verblüffend ist, dass Glaubenssätze sogar teilweise über unsere Persönlichkeit hinausgehen. Überzeugungen, die wir von unserer Gesellschaft unbewusst übernommen haben, sind dabei besonders verfänglich.

Lass mich dir anhand eines Beispiels erklären, was ich damit meine. Als ich in den ersten Jahren meiner Selbstständigkeit war und begann, mich sicher in meiner täglichen Arbeit zu fühlen, fing ich an, mein Büro bei gutem Wetter das eine oder andere Mal ins Freie zu verlagern. Meine Wahlheimat, der Bodensee, bietet sich dafür natürlich wunderbar an. Genüsslich schrieb ich eines schönen Mittags einen neuen Blogartikel direkt am See. Da es unter der Woche war, war weit und breit keine Menschenseele zu sehen. Auf einmal erblickte ich in der Ferne, wie meine Nachbarn, die bereits Rentner sind, am See spazierten und immer näher kamen. Ein unbehagliches Gefühl breitete sich gleich in mir aus. Als sie schließlich an mir vorbeiliefen, sagte mein Nachbar denn auch mit einem leichten Vorwurf in der Stimmlage: »Ja, ja, dir scheint es ja gut zu gehen.«

Ein Schauer durchzog meinen Körper. Fast schon zwanghaft hatte ich das Gefühl, erklären zu müssen, warum ich mitten in der Woche um diese Zeit am See war. Kleinlaut zeigte ich ihnen meinen Schreibblock, um zu beweisen, dass ich nicht faul herumlag, sondern etwas tat. Der Nachbar entgegnete nur ein kühles »Ja, ja, ist schon recht« und lief weiter.

Als ich kurz darauf wieder allein war, fragte ich mich, warum ich mich in dieser Situation so unwohl fühlte. Den ganzen Tag grübelte ich, bis mir ein Licht aufging. Es war ein Gesellschaftsglaubenssatz. »Du musst immer fleißig sein.«

Gerade bei uns sind die Menschen traditionell darauf geeicht, fleißig zu sein und immer etwas zu tun. Zu viel Freizeit und eine Laisser-faire-Einstellung stoßen allenthalben eher auf Ablehnung. Ich musste mir eingestehen, dass auch mich dieser Gesellschaftsglaubenssatz voll im Griff hatte.

Zum Glück hatte ich bereits damals passende Techniken wie Ho'oponopono an der Hand, um diesen Glaubenssatz zu transformieren. Gerade Menschen, die eine Dualseelen-Begegnung hatten, sind in der Regel keine »Herdentiere«. Sie entsprechen nicht der Norm, haben oft schon früh begonnen, weiterzudenken, zu reflektieren und zu ergründen, was sie in der Tiefe glücklich macht. Für sie können Gesellschaftsglaubenssätze extrem hinderlich sein. Auffällig viele Dualseelen beginnen zum Beispiel an einem Punkt auf ihrem Weg, ihren Job zu hinterfragen und neue Talente in sich zu entdecken. Sie träumen davon, eine neue Richtung einzuschlagen und ihrer Berufung zu folgen. Leider bleibt es allzu oft nur bei einem Traum, denn der eigenen Berufung zu folgen würde für viele bedeuten, sich selbstständig zu machen. Allein bei der Vorstellung, ihr eigenes Business zu starten, breitet sich bei den meisten ein Gefühl von Angst oder gar Panik aus. Neben zahlreichen anderen Blockaden sind es vor allem eben auch Gesellschaftsglaubenssätze wie »Geh lieber kein Risiko ein«, die viele daran hindern, den nächsten Schritt zu machen.

Glaubenssätze der Ahnen

Eltern, Großeltern, Urgroßeltern. Man sagt, dass uns unsere Ahnen bis in die siebte Generation zurück beeinflussen können. Auch Glaubenssätze spielen hier eine große Rolle. Stell dir vor, deine Urgroßmutter hat in Kriegszeiten gelebt, in denen es teilweise einen Mangel an Nahrung gab. In ihr könnte sich dadurch der Glaubenssatz eingeschlichen haben: »Es ist nie genug da.« Da du unweigerlich mit deiner Ahnenreihe verbunden bist, könnte es sein, dass genau dieser Glaubenssatz auch in dir sitzt. Dies könnte sich beispielsweise dadurch äußern, dass du eine permanente Unruhe spürst, obwohl eigentlich alles in Ordnung ist. Faszinierend, oder?

Gerade auch in Sachen Beziehungen können Glaubenssätze der Vorfahren regelrecht toxisch sein. Es gibt Ahnenreihen, in denen zum Beispiel in jeder Generation der Ehemann fremdgegangen ist. Glaubenssätze wie »Männer sind untreu« sind die unweigerliche Folge. Es ist zwar einerseits faszinierend, andererseits aber auch erschreckend, wie diese Prägungen, die den meisten nicht einmal bewusst sind, verhindern können, dass man eine funktionierende Beziehung aufbauen kann.

Glaubenssätze der Seelen

Jetzt gehen wir sogar noch einen Schritt weiter. Unglaublich, aber wahr: Glaubenssätze können uns selbst über dieses Leben hinaus beeinflussen. Obwohl ich mich grundsätzlich schon als spirituellen Menschen bezeichnen würde, hatte auch ich lange Zeit Zweifel, ob wir denn wirklich daran glauben sollen, dass wir öfter leben als einmal.

Den für mich entscheidenden Beweis erlebte ich immer wieder in der Zusammenarbeit mit Klienten. Um ihnen zu helfen, in ihr Thema zu kommen, binde ich manchmal die sogenannte »Leere-Stuhl-Arbeit« mit ein. Ich positioniere dabei einen Stuhl vor dem Klienten und bitte ihn, sich vorzustellen, dass darauf eine bestimmte Person sitzt. Klingt banal, aber der Effekt ist meistens spektakulär. Binnen Sekunden sind alle voll im Thema und die Emotionen kommen hoch. Wenn es zum Beispiel um den Selbstwert geht, bitte ich meine Klienten, sich vorzustellen, dass sie sich selbst auf dem Stuhl gegenübersitzen. Haben sie ein geringes Selbstwertgefühl, nehmen sie sich dann häufig sehr klein und zusammengezogen wahr. Wir können dann gut mit diesem Bild arbeiten; und wenn das Thema gelöst ist, sehen sie sich plötzlich ganz anders.

Ab und zu passiert es in der Leere-Stuhl-Arbeit, dass vergangene Leben bei meinen Klienten aufkommen. Sie sehen sich dann zum Beispiel als Hexe, die verbrannt wurde. Die Bilder sind so klar und die Emotionen so real, dass ich nach einer Weile die Überzeugung erlangte, dass es das wirklich gibt. Und aus diesem Blickwinkel heraus ist es auch vorstellbar, dass wir Glaubenssätze aus vergangenen Leben mitbringen können. Wenn man zum Beispiel in früheren Inkarnationen immer wieder erlebt hat, dass man bestraft oder gar umgebracht wird, wenn man in seine Größe geht und seine Talente lebt, so kann es sehr gut sein, dass man den Glaubenssatz entwickelt: »Es ist gefährlich, mich zu zeigen.« Dies kann dafür sorgen, dass jemand in diesem Leben nie sein volles Potenzial leben wird. Traurig, oder?

Auch dein Dualseelen-Weg kann aufgrund von Seelenglaubenssätzen massiv beeinflusst werden. Vielleicht seid ihr euch ja bereits in zahlreichen vorherigen Leben begegnet. Möglicherweise hat es damals schon nicht mit euch geklappt, etwa weil einer von euch adelig war und der andere nicht. Ihr könntet dann den Seelenglaubenssatz entwickelt haben: »Wir verlieren uns ja ohnehin wieder.« Wenn ein Glaubenssatz dieser Art in euch sitzt, kann das dafür sorgen, dass ihr unbewusst eure Liebe sabotiert, weil ihr sowieso nicht daran glaubt, dass es jemals funktionieren kann.

Du hast nun einen Überblick der verschiedenen Ebenen von Glaubenssätzen bekommen, die uns aus dem Hintergrund lenken und unser Leben negativ beeinflussen können. Vielleicht fühlst du dich jetzt ein wenig traurig und ausgeliefert, weil du dir denkst: »Wie soll ich jemals all die Ebenen durchschauen und die ganzen Glaubenssätze lösen?« Wenn es dir so geht, dann habe ich tolle Neuigkeiten für dich. Du musst unbedingt wissen, wann oder auf welcher Ebene deine negativen Glaubenssätze entstanden sind. Egal, wann und wie ein Glaubenssatz entstanden ist, er zeigt sich immer nur im Hier und Jetzt, denn die Gegenwart ist alles, was wirklich existiert. Mit den richtigen Techniken kannst du deine Glaubenssätze im Hier und Jetzt transformieren, ohne zwangsläufig in die Vergangenheit zurückgehen zu müssen. Das ist doch genial, oder?

Eine Technik davon ist die Ho'oponopono-Transformationstechnik. Du wirst dieses magische Werkzeug im weiteren Verlauf noch kennenlernen und in der Lage sein, Themen für dich zu transformieren. Freu dich also darauf.

Meine negativen Glaubenssätze

Um auch für dich das Beste aus diesem Kapitel zu ziehen, bitte ich dich, dir Zeit zu nehmen und insgesamt zwanzig negative Glaubenssätze zu finden, die du noch hast. Wenn du kannst, bring bitte alle Ebenen als direkte, indirekte, Ahnen- und Seelenglaubenssätze mit ein. Die gefundenen Glaubenssätze kannst du später mit der Ho'oponopono-Technik sanft und in der Tiefe transformieren.

Meine Glaubenssätze sind:

_____

_____

_____

_____

_____

_____

_____

_____

_____

_____

DUALSEELEN UND GLAUBENSSÄTZE

Dualseelen-Geschichten aus dem wahren Leben

*Du wirst glücklich sein, sagte das Leben.
Aber erst werde ich dich stark machen.*

Anonym

Obwohl Dualseelen-Begegnungen immer häufiger werden, ist es dennoch eher unwahrscheinlich, dass du in deinem näheren Umfeld Menschen kennst, die Ähnliches erlebt haben wie du. Allzu oft fühlst du dich allein und unverstanden. Schon die Tatsache, zu wissen, dass man eben nicht allein ist, spendet eine Menge Trost. Und das ist auch der Grund, warum ich in diesem Buch immer wieder Dualseelen-Geschichten von Klienten oder Bekannten aus allen Teilen des Globus einfließen lasse. Vor allem möchte ich dir damit zeigen, dass jede Geschichte einzigartig ist und anders endet. Außerdem sind Dualseelen kein Mythos. Überall auf der Welt haben Menschen eine lebensverändernde Begegnung mit jemandem, der mit nur einem Blick in die Augen das eigene Universum auf den Kopf stellt und einen unaufhaltsamen Prozess auslöst. Eines der größten Ziele meiner Arbeit besteht darin, Menschen, die solch eine Begegnung hatten, zu zeigen, dass es bodenständiger abläuft, als man meinen mag. Die Geschichten im Buch sollen dir also das Dualseelen-Thema noch greifbarer machen. Ich habe bewusst Geschichten ausgewählt, die verschiedene Ausgänge hatten und von den Betroffenen in der Ichform erzählt werden. Du wirst Fallbeispiele lesen, die mit einer erfüllten Partnerschaft mit der Dualseele endeten. Manche münden in eine wundervolle Beziehung mit einem anderen Seelenpartner. Und einige haben den Weg gemeistert und sind derzeit in keiner Partnerschaft, jedoch trotzdem erfüllt und voller Vertrauen in das göttliche Timing.

Die erste Geschichte, die ich mit dir teilen möchte, ist die von meiner Klientin Helen.

Helens Geschichte

Es war ein kühler Januarfreitag im Jahr 2015, und ich saß beim Friseur, als ich mich für den Abend spontan mit einer Freundin zur Vernissage verabredete. Sie sagte noch: »Daniel wird wohl auch da sein.«

Daniel ist mein attraktiver Nachbar, den ich in sechs Jahren Nachbarschaft vielleicht fünfmal gesehen habe. Er hatte immer eine lose, eher chaotische Affäre mit meiner Freundin. Ich war gerade noch emotional verbunden mit einem Mann, der mit mir keine Beziehung wollte, sich aber eine tiefe Freundschaft wünschte. Es war der Mann, mit dem ich mich wirklich am allerbesten unterhalten konnte. Wir schrieben uns lange Briefe und führten tief greifende Gespräche. Ich konnte nicht wirklich verstehen, warum er nicht das Abenteuer Beziehung mit mir wagen wollte, aber er war sehr klar und eindeutig, und so ging es für mich darum loszulassen, da kam ein unterhaltsamer Abend gerade recht.

Ich fühlte mich gut an dem Abend, und mir kamen die Worte meiner »hellsichtigen« Freundin ins Ohr: »Es gibt einen Mann, der dich beobachtet. Könnte das mein Nachbar sein?«

Es war eine schöne ausgelassene Stimmung an diesem Abend, und als ich den Raum betrat, trafen sich sofort Daniels und meine Blicke. Er hat so schöne warme und tiefe Augen. Ich wurde ganz schüchtern, und irgendwie kamen wir ins Gespräch. Ich kann mich an keinen Inhalt mehr erinnern, sondern nur, dass wir uns immer näher kamen und meine Freundin immer böser wurde, da sie Daniel noch für sich beanspruchte.

Daniel übernachtete an diesem Abend bei mir. Am nächsten Morgen verabschiedeten wir uns. Ich sagte ihm, dass es wunderbar war, aber dass mein Herz leider besetzt sei. Er schaute mich grinsend an und sagte: »Alles gut«, und er würde sehen, dass in meinem Herzen noch viel Platz für ihn sei. Aha!

Schon am nächsten Tag trafen wir uns wieder ... und ab da fast jeden Tag. Wir unternahmen ganz viel miteinander. Wir hatten wunderbare Gespräche, aßen zusammen, fuhren Rad, und alles war leicht, verspielt und fröhlich. Meine Freundin sprach nicht mehr mit mir, und zwischen Daniel und mir war sie auch kein Thema. Alles war ganz wunderbar ...

Nur wenn wir getrennt waren, schlich sich so eine Unruhe ein. Ich vermisste Daniel schon nach kurzer Zeit und wurde nervös, wenn er sich nicht meldete. Dann wurde mein Schlaf unruhig ... Ich hatte bei allem Schönen das Gefühl, hier geriet etwas außer Kontrolle, und ich hatte Stress.

Dann zog sich Daniel auf einmal zurück. Mir ging es mit einem Mal ganz schlecht. Ich wusste durch viel Arbeit an mir, dass es immer wieder ums Loslassen geht. Aber ich war wie von Sinnen und konnte mich auf nichts mehr konzentrieren und musste nur an Daniel denken. Ich schrieb ihm dann einen tiefen und emotionalen Brief, dass ich mir eine Beziehung mit ihm wünschen würde. Es kam keine Antwort. Ich war total verzweifelt. Ich konnte nicht mehr schlafen, hatte Schweißausbrüche und verstand die Welt nicht mehr.

Ich las unendlich viele Beziehungsratgeber ... zum ersten Mal wohl das Wort »Dualseelen«, und ich dachte, dass ich leider verrückt geworden sei.

Dann meldete sich Daniel bei mir und wir trafen uns. Er erklärte mir, dass ihn mein Brief berührt hätte, aber dass er keine feste Beziehung haben möchte. Er wäre dazu nicht geschaffen und überhaupt würden wir nicht zusammenpassen. Und er brauche auch immer wieder Abwechslung. Auch wollte er wieder ins Ausland. Auf ihn sei kein Verlass und das würde einfach nicht zu mir passen.

Nach diesem Gespräch begann wieder eine schöne Zeit mit uns. Es war alles ausgesprochen, und ich hatte mich damit abgefunden, dass wohl keine Beziehung möglich sein sollte. Ich war einfach froh und glücklich, dass wir wieder Zeit miteinander verbrachten. Auf einmal war alles wieder unkompliziert. Wir fuhren gemeinsam weg und alles fühlte sich wieder leicht an. Bis ...

Bis ich irgendwann entdeckte, dass Daniel auch Nächte bei meiner früheren Freundin verbrachte. Ich war fix und fertig und stellte ihn zur Rede. Er antwortete ausweichend ... wir hätten ja keine feste Beziehung. Das mit B. wäre nicht wichtig und ich solle mich mal nicht so aufregen.

Ich war fix und fertig. Ich wollte alles beenden, aber es ging nicht. Ich fühlte mich wie gefangen im Käfig. Ich machte etliche Heilsitzungen. Ich versuchte, Daniel zu verstehen. Ich schrieb ihm klare Briefe. Es ging hin und her. Ich spürte eine tiefe und reine Liebe zwischen uns, aber auch unendlich viele Verdrehungen. Ich sagte mir, dass ich klar werden muss, damit unsere Beziehung eine Chance hat. Es ging Monate durcheinander.

Immer wenn ich bei ihm war, rief B. an. Ich sollte ruhig und souverän bleiben, lautete dann immer der Hinweis Daniels. Er hätte sich ja mittlerweile für mich entschieden, aber ich sollte ihn nicht einengen.

Irgendwann hatte ich die Nase voll. Ich war fertig mit den Nerven und sagte, dass ich so nicht mehr weitermachen wollte und es vorbei sei.

Wir haben uns dann ein paar Tage nicht gesehen. Dann haben wir uns zufällig im Café wiedergetroffen. Wir waren wie magisch voneinander angezogen und eine ganz große Wärme breitete sich um mich herum aus. Wir blickten uns an, küssten uns und wussten, wir gehören zusammen.

Auch ab dann ging es noch mehrmals hin und her. Aber wir haben uns klar füreinander entschieden. Wir sind dann zusammen zu einer Heilerin gefahren, die einige alte Dinge aus unserem System entfernt hat. Es wurde dann Stück für Stück leichter. Daniel hat zum ersten Mal in seinem Leben gelernt, sich wirklich einzulassen. Er konnte spüren, dass er sich auf mich verlassen kann und dass ich ihn nicht einsperren möchte.

Meine so schmerzhaften Verlustängste wurden weniger und ich wurde wesentlich entspannter. Ich konnte vieles mit mehr Humor nehmen.

Mittlerweile wohnen Daniel und ich zusammen und wir haben eine tiefe, vertraute und sehr liebevolle Beziehung. Wir sprechen kaum über das, was war.

Der Begriff »Dualseelen« ist für Daniel immer noch befremdlich. Er sagt stets, dass wir halt füreinander bestimmt sind. Für mich war es wichtig, zu verstehen, dass ich nicht verrückt war und bin. Diese Intensität der Emotionen hat nun einmal zu diesem Prozess gehört.

Ich bin dankbar, dass ich mich trotz des ganzen Chaos weiter eingelassen habe. Ich bin dankbar, dass Daniel an sich gearbeitet hat. Ich danke Gott, dass ich mein Leben in seine Hände gelegt habe. Er hat mir einen wundervollen Partner geschenkt, mit dem immer mehr Echtheit, Tiefe, Liebe und Freiheit in Verbindung möglich ist. Er hat mir meine Dualseele geschickt, damit ich meine tiefsten Ängste überwinden kann und meine tief verborgenen Vorurteile gegenüber Männern auflösen durfte. Ich kann nur sagen, dieser Prozess ist ein Segen. Geh ihn mit Sanftheit zu dir und mit Hilfe und Unterstützung.

Katharinas Geschichte

An meiner Wand hing lange Zeit eine Postkarte mit dem Spruch: »Der eine Tag im Leben, der alles verändern kann, beginnt jeden Morgen neu.« Viereinhalb lange Jahre befand ich mich im Kampf gegen mich und meinen Körper, der von chronischer Krankheit gezeichnet war, und gegen alles Schwere, das ich verdrängt hatte. Ich fühlte mich gefangen und das Leben fühlte sich an wie eine sehr dunkle Einbahnstraße. Mit schlimmsten körperlichen Symptomen schleppte ich mich durch einen Alltag, den der Schmerz regierte, biss mich durch mein Studium, arbeitete nebenbei in zwei Jobs und bestand vor einem Jahr dann meine Bachelorprüfung. Innerlich rannte ich immer wieder gegen dieselbe Wand, die Wand, auf der in großen undankbaren Lettern geschrieben stand: »Was ist nur falsch mit mir?« Und darunter übergroß: »Alles.« Und das glaubte ich auch. Ich hatte keine Ahnung, wie es für mich wohin auch immer weitergehen würde, und ich war unendlich erschöpft.

Mehr und mehr begab ich mich durch meinen körperlichen Schmerz auf die Reise zu mir selbst. Ich machte Fortschritte, zwar unendlich langsam, aber dennoch, ich wuchs. Mein Glück zu der Zeit war, dass mich ein Mensch auf meinem Weg begleitete, einer, von dem ich dachte, dass ich mit ihm alt werden und irgendwann eine Familie gründen würde. Was wir jedoch übersahen, war, dass keiner von uns beiden mit dem anderen würde weiterwachsen können, obwohl wir uns sehr lieb hatten.

Im letzten September begab ich mich auf eine Reise, die weitaus weiter in mein Innerstes führen sollte, als ich es mir jemals hätte ausmalen können. Zuerst flog ich nach London und nahm an einem Hay-House-Event teil, wo ich all die spirituelle Energie aufsog, die mich umgab. Dort kam ich in einem sehr tiefen Loch an, denn ich war sehr müde, ausgebrannt, ausgelaugt und mit mir und allem am Ende, alles floss zusammen und auseinander, und nichts machte Sinn. Ich fühlte mich verloren und wusste nicht, wie es mit mir weitergehen sollte.

Während dieser Reise folgte ich dem unüberwindbaren Drang, Madame Bovary von Gustave Flaubert zu lesen, ein Buch, das ungelesen drei Jahre lang in meinem Bücherregal verstaubt war. Ich verstand im Nachhinein auch, warum. Es bereitete mich auf die Trennung von meinem damaligen Freund vor, einem Menschen, den ich unter »normalen« Umständen niemals verlassen hätte. Das Buch handelt von einer Frau, die eine unglaublich langweilige Ehe führt mit jemandem, der zwar sehr lieb, aber doch zu eintönig für einen ist, der sich nach draußen und nach der großen weiten Welt sehnt wie Madame Bovary. Sie weiß, dass es noch mehr geben muss als die Monotonie und die Stille, und in ihrer Sehnsucht, ihrem Wünschen und Fühlen habe ich mich wiedergefunden. Das rüttelte in mir den unterdrückten reißenden Schmerz darüber auf, dass das Leben irgendwie an mir vorbeifloss und dass ich feststeckte.

Von London führte mich die Reise weiter nach Rom, wo ich meine liebste Freundin besuchte, die gerade dorthin gezogen war. Unerklärlicherweise las ich an diesem Abend das Buch zu Ende, bis auf zwanzig Seiten. Ich trug es bei mir, als ich am nächsten Morgen mit meiner Freundin auf einen der sieben Hügel Roms stieg, um sie zu ihrer Uni-Veranstaltung zu begleiten. Oben angekommen, füllten wir unsere Wasserflaschen an einem Brunnen. Dabei spürte ich eine ganz eigenartige Energie hinter mir, etwas Magisches und mir bis dahin Fremdes, das ich nicht einordnen konnte. Ich verabschiedete meine Freundin und ging in den Park, um dort Madame Bovary zu Ende zu lesen. Doch zuerst wollte ich die wundervolle Aussicht genießen. Ich trat an die Steinmauer heran und atmete den Duft Roms ein.

Plötzlich wurden meine Gedanken durchdrungen von Worten, die jemand in englischer Sprache an mich richtete. Der Mann fragte mich, ob ich aus Deutschland käme, da er mich und meine Freundin an dem Brunnen sprechen gehört hatte. Ich bejahte, er erzählte, wie weit er in der Welt herumgekommen und dass Deutschland eines der wenigen Länder sei, die er noch nicht bereist habe, und dass er unbedingt dorthin wolle. Das Tattoo auf seinem Handgelenk offenbarte mir den Künstler in ihm, und wir begannen die wundervollste Unterhaltung über seine Musik und mein Schreiben, über meine Schreibblockade, seinen musikalischen Misserfolg bei einem Projekt, mein Gefühl hinter meinen Worten, sein Gefühl hinter seiner Musik.

Ich hatte die intensivste Unterhaltung, die ich in diesem Leben jemals mit einem Menschen führen durfte. Es war, als kannten wir uns schon immer, obwohl wir uns natürlich überhaupt nicht kannten. Wir waren einander unendlich vertraut, und es fühlte sich an, wie nach Hause zu kommen.

Dieser Mensch verkörperte alles, was ich selbst war und sein wollte, alles, was ich in mir vergessen und verloren hatte – den Freigeist, die Künstlerin, die Abenteurerin und Weltenbummlerin. All diese Teile von mir hatte ich verdrängt und in die hinterste Ecke meines Selbst gestopft, über und über bedeckt von körperlichem Schmerz und seelischem Leid.

Ich erzählte ihm von meiner Krankheit, worüber ich mit kaum jemandem sprach – es war so natürlich und selbstverständlich mit ihm. Er erzählte mir davon, wie er einer Heirat und der perfekten Familie sehr nahe gekommen war, alles verloren und sich daraufhin auf eine abenteuerliche Reise über die Kontinente begeben hatte.

Ich fühlte durch seine Präsenz diese unbändige Energie in mir aufsteigen, spürte, wie mein innerer Poet zu atmen begann und mein Poetenherz plötzlich so hoch schlug wie nie zuvor. Dabei fühlte ich ganz genau, was das Leben mir mit dieser Begegnung mitteilte: Du hast genug geschlafen, Zeit aufzuwachen, Zeit für dich, zu heilen. Das hier ist dein Geschenk.

Das war der Moment, in dem ich wirklich begriff, was der Spruch auf meiner Postkarte bedeutete: »Der eine Tag im Leben, der alles verändern kann, beginnt jeden Morgen neu.« Diesen Tag habe ich innerlich herbeigesehnt und ich habe ihn geschenkt bekommen. Dieser Tag war mein Neuanfang. Dieser Tag war der Beginn meiner Heilung. Dieser Tag war magisch und ich habe ihn in mein Herz geschlossen als den glücklichsten Tag meines Lebens.

Zunächst einmal war ich ziemlich verwirrt von alledem. In mir war etwas aufgebrochen, mein ganzes Wesen wirbelte in mir, und ich wusste nicht, wie mir geschah.

Nach der wundersamen Begegnung bin ich mit meiner Freundin nach Hause gegangen und habe mich hingesetzt, um zu schreiben. Das Schreiben war immer ein Teil von mir gewesen, doch in den ganzen viereinhalb Jahren meiner Krankheitsgeschichte hatte ich keinerlei Kraft gehabt, mich kreativ auszudrücken, die Blockade in mir war zu groß, zu gigantisch gewesen; und plötzlich war dieser elementare Teil meiner selbst wieder aus der Versenkung aufgetaucht – alles dank dieses besonderen Menschen.

Meine Lebensaufgabe trat glasklar an die Oberfläche. Seitdem traf und treffe ich Künstlermenschen an jeder Ecke. Daraus schöpfe ich Kraft. In so vielen Momenten, in denen ich meinen Seelenmenschen später ersuchte und ersehnte, ihn aber nicht finden konnte, sandte mir das Universum einen Künstler- und Kreativmenschen an seiner Stelle. Ich verstand und bin unendlich dankbar dafür.

Während meines einwöchigen Aufenthalts in Rom habe ich meinen Seelenmenschen noch drei weitere Male gesehen. Ich konnte ihm nicht fernbleiben, daran änderte auch die Beziehung nichts, in der ich mich zu diesem Zeitpunkt noch befand. Zwischen uns schienen zeit- und raumlose Gesetze zu gelten, die sich mit weltlichen Regeln nicht greifen ließen, also versuchte ich es gar nicht erst.

Schon während unserer kurzen gemeinsamen Zeit spürte ich seine Angst und dass er versuchte, sich mehr und mehr zu entziehen. Am einen Tag waren wir einander so nah und am anderen war er kaum greifbar. Er entschuldigte sich mit einer Erkältung. Ich konnte jedoch nicht abreisen, ohne mich zu verabschieden. Also zog ich meinen Koffer eine gefühlte Weltreise quer durch die brütende Hitze Roms. Ich erkannte mich selbst kaum wieder. So mutig war ich in meinem ganzen Leben nie gewesen. Darauf folgte meine Heimreise.

Alles hatte sich verändert. Ich wusste, dass ich so nicht mehr zurückkonnte in mein altes Leben und in meine alte Beziehung. Die Gefühle für diesen geheimnisvollen bekannten Unbekannten waren zu übermächtig. Von da an war mein Leben voller Magie. Alles fiel mir wie von Zauberhand zu.

Die erste WG, die ich besichtigte, ist die WG, in der ich jetzt wohne, mit den Menschen, die mir helfen, mich auf meinem Weg weiterzuentwickeln. Ich habe mein Masterstudium begonnen, und mir wurde eine Hilfskraftstelle bei meinem Professor angeboten; der unausgesprochene Wunsch, bei einem Projekt mitzuarbeiten, wurde wahr. Mein Umzug war unkompliziert, weil genau zum richtigen Zeitpunkt die richtigen Helfer an meiner Seite standen. Meine Kreativität war nicht mehr zu bändigen. Das Leben applaudierte meiner Entwicklung mit alledem, dessen bin ich mir sicher. Meine Zeit zu heilen war gekommen.

Ich trennte mich von meinem Freund, und es tat mir unendlich leid, denn während er um mich trauerte, trauerte ich mit aller Wucht um meinen Seelenmenschen, dessen Präsenz ich um jeden Preis ersehnte. Doch ich spürte schnell, dass er sich mir entzog, dass seine Worte stiller und stiller wurden. Ich wartete manchmal Tage auf ein Zeichen, war aber so mit mir und meinem neuen Leben beschäftigt, dass das erst mal nicht weiter schlimm war. Doch je mehr er sich mir entzog, desto mehr versuchte ich, nach ihm zu greifen.

Kurzerhand buchte ich im November wieder einen Flug nach Rom. Ich spürte seine Freude darüber, die dann recht schnell seiner unbändigen Angst wich. Landeanflug. 23.00 Uhr. Er war nicht da, kommentarlos. Ein Teil von mir hatte geahnt, dass er nicht da sein würde. Aber so ganz ohne Nachricht … das verletzte mich höllisch. Ich fuhr also zu meiner besten Freundin, die mir Trost und Anker war. Keine Nachricht von ihm. Dann sehr knappe Ausflüchte, seltsame Ausreden, unglaubwürdiges Gestammel. Arbeit. Stress. Arbeit. Stress. Ich war verletzt und innerlich eigentlich wütend, doch konnte ich es zu dem Zeitpunkt noch nicht zulassen, weil meine Angst davor, verlassen und abgelehnt zu werden, zu groß war.

Ich stellte mich also einen Tag lang ebenfalls stumm und war ziemlich perplex, dass ihm das absolut nichts auszumachen schien und dass das mit seinen Vorstellungen und seinem Denken so vertretbar war. An meinem letzten Tag in Rom erniedrigte ich mich also, wie ich mich normalerweise niemals vor irgendjemandem erniedrigt hätte, nicht einmal zu der Zeit, zu der mein Selbstbewusstsein an seinem Tiefststand war, nämlich »zwanzigtausend Meilen unter dem Meer« – noch nie hatte mich jemand so gekränkt und verletzt. Ich bettelte förmlich darum, dass er sich doch ein Herz fassen und sich Zeit für mich nehmen möge. Freitagabend war ich gelandet. Sonntagabend, 17.00 Uhr – eine Nachricht. Und dann sollte auch noch ich zu ihm kommen! Wie ein Hund, den man ruft.

Meine Freude und liebestolle Sehnsucht waren größer als mein Stolz, der gebrochen vor mir am Boden lag. Unsere Wesen erkannten einander in ihrer tiefsten Essenz, doch sein Ego-Ich war reserviert und sehr auf Kontrolle bedacht. Er versuchte, sich mit mir über Belangloses zu unterhalten. Ich stieg nicht darauf ein. Mein Wesen war glücklich bei ihm. Mein menschliches Ich war verletzt, doch das verdrängte ich.

Wir verbrachten wenige Stunden miteinander. Er taute, war völlig unter Strom. Im Nachhinein betrachtet, hätte ich nicht kommen sollen. Doch ich spürte seine Liebe, spürte sie in allen Fasern, die sein Ego-Ich mit aller Macht beiseitedrängte. Ich glaube, das Schmerzhafteste an dieser Verbindung ist, diese übermächtige und bedingungslose Liebe zu spüren, die wir Herzmenschen als tiefe Wahrheit erkennen, und dann auf den Boden der Tatsachen geworfen zu werden, wenn das Ego-Ich des anderen diese Wahrheit negiert. Mein Ego-Ich glaubte seiner Fassade und focht gleichzeitig gegen mein höheres Ich, das sich nicht täuschen ließ, denn ich sah in seinem Blick den tiefen Schmerz, als ich an dem Abend ging, um meine Heimreise anzutreten.

Danach schenkte er mir kein einziges Wort mehr, kein Lebenszeichen, kein Foto, nichts. Ich schrieb ihm noch einige Male, und dann verstand ich und schwieg ebenfalls, obwohl es mich unendlich schmerzte. Ich konnte keinem Gespenst hinterherjagen, denn meine Aufgabe war es, dieses Leben endlich anzunehmen und es auch zu leben – für mich und nicht mehr für andere.

Ich habe nie wieder etwas von ihm gehört. Es hat lange gedauert, doch jetzt trauere ich nicht mehr und akzeptiere, dass es ist, wie es ist. Jetzt ist meine Zeit, zu heilen und in mir selbst vollständig zu werden, denn das, was ich bei jemand anderem suche, muss ich zuerst in mir selbst finden, bevor es mir zurückgespiegelt werden kann. Lange habe ich die Verantwortung von mir gewiesen und darauf gewartet, dass mich jemand rettet. Welch vermessene und unerfüllbare Erwartung! Ich bin lange in den Krieg gezogen gegen mich selbst und gegen das Universum. Nach dem Rückzug dieses besonderen Menschen war ich gezwungen, Verantwortung für mich und mein Leben zu übernehmen und mein Schicksal selbst in die Hand zu nehmen. Dabei ging ich durch Licht und Dunkelheit, sah Schönes und Todtrauriges in mir, war euphorisch und kilometerweit unter dem Erdboden, mein spirituelles Ich, das bis dahin geschlummert hatte, wurde mit voller Wucht in den Istzustand gerissen und übermannte mein Ego-Ich, das sich fürchtete und manchmal noch immer fürchtet. Doch je mehr ich verarbeite, desto mehr komme ich zu meinem wahren Ich.

Das Schöne ist, dass mich das Universum für jedes durchgestandene Dunkel mit solch strahlendem Licht belohnt, wie ich es vorher noch nie gespürt habe. Durch all die Prüfungen bin ich löwenstark geworden und löwenstark werde ich weitergehen. Ich habe mich nie befreiter, lebendiger und glücklicher gefühlt als jetzt, und ich weiß, dass ich den richtigen Menschen für das Leben gefunden habe – mich. Und dafür bin ich unendlich dankbar.

Veronikas Geschichte

Mein Weg zu dir, mein Herz!

Als Julian mich fragte, ob ich Lust hätte, meine Geschichte aufzuschreiben und in seinem Buch zu veröffentlichen, sagte ich direkt Ja. Konnte doch nicht schwer sein, seine eigene Geschichte zu verfassen … Doch schon nach ein paar Minuten war ich mir da gar nicht mehr so sicher. Denn die Frage lautete: Wann beginnt diese Geschichte und wo endet sie? Gab es ein Schlüsselerlebnis? Ich weiß es nicht.

Ich weiß nur, dass ich immer anders leben wollte. Ich liebe meine Eltern sehr, und ich bin ihnen unendlich dankbar für alles, was sie für mich getan haben und immer noch jederzeit tun würden, aber so leben wie sie wollte ich nicht. Sie hatten alles, was sie sich immer gewünscht und wofür sie immer viel gearbeitet hatten, aber glücklich schienen sie mir nicht zu sein; und zu allem Überfluss musste ich mir eingestehen, dass ich in die gleiche Falle getappt war. Ich reinszenierte die Rolle meiner Mutter in meiner Ehe: immer für alle anderen da und am Ende total erschöpft und todunglücklich zu sein darüber, dass niemand sah, was ich hier leistete. In meiner Verzweiflung und Energielosigkeit war ich mitnichten die Mutter, die ich so gern sein wollte, und natürlich auch nicht die Ehefrau.

Eine große Wende in meinem Leben war die Begegnung mit meiner lieben Freundin Jennifer. Jennifer brachte mir bei, konsequent in Lösungen zu denken, und was noch ein viel größeres Geschenk war: Sie lehrte mich die faszinierende Wirkung von Visionen. Also begann ich, mich damit zu beschäftigen, was ich wollte, und nicht mehr damit, was ich nicht wollte. Ich optimierte meinen Alltag mit drei Kindern, sodass ich abends die Zeit und Energie hatte, um mich mit Themen zu beschäftigen, die mich wirklich interessierten.

Ich hatte schon immer das Gefühl, dass diese Realität, die wir lebten und die die Menschen um mich herum als Wahrheit bezeichneten, nicht die meine war. Oft fühlte ich mich nicht dazugehörig und seltsam angepasst. Meine spirituelle Reise begann. Ziemlich schnell kam ich zu der zentralen Frage: Was ist Liebe für mich, und wie konnte ich erwarten, dass man mich lieben würde, wenn ich es doch scheinbar selbst nicht tat? Was bedeutete es, bedingungslos zu lieben?

Von einem Tag auf den anderen beschloss ich, die Verantwortung für mich und mein Leben zu übernehmen und alle Dinge, die ich tat, mit hundertprozentiger Überzeugung zu tun. Das Resultat war, dass mein Mann mir offenbarte, er würde ausziehen, und es gäbe für ihn auch keinen Weg zurück. Damit hatte ich selbstverständlich nicht gerechnet. Wir waren schon lange unglücklich in dieser Ehe, und er konnte endlich zu seiner Wahrheit stehen, nämlich dass man nichts durchziehen musste, nur weil man Kinder miteinander hatte.

Ich ging einmal durch die Hölle und zurück. Alle Ängste, die ich jahrelang verdrängt und gut gehütet hatte, brachen mit voller Wucht aus. Ich konnte weder essen noch schlafen. Die Anstrengungen der vielen Jahre Ehe, in der mein Mann vor uns auf der Flucht gewesen war, versetzten mich in einen Erschöpfungszustand, wie ich ihn so noch nie erlebt hatte. Ich war von heute auf morgen alleinerziehend mit drei Kindern. Hinzu kam die Scham, da alle mich bereits Monate vorher gewarnt und versucht hatten, mir durch die Blume zu sagen, dass ich wohl nicht die Nummer eins für meinen Mann war.

Doch ich fühlte mich weder allein noch als die betrogene Ehefrau. Alles in mir wusste, dass dies ein wirklicher Neuanfang sein würde; und ich wollte diesen Neuanfang, wie ich noch nie etwas in meinem Leben gewollt hatte. Ich wollte mich all diesen Ängsten und begrenzenden Anschauungen, wie eine Familie und eine Mutter beziehungsweise Frau zu sein hat, hinter mir lassen. Das Vertrauen in mir wuchs, und das Universum half mir, mich sehr intuitiv durch all die Blockaden und Traumata, die ich mitgebracht und erworben hatte, hindurchzumanövrieren. Ich erschuf mir ein Bild in meiner Vorstellung, wie sich Liebe für mich anfühlen sollte. Es war das Gefühl, nach Hause zu kommen. Mit diesem einen Menschen eng umschlungen auf einer Bank zu sitzen und ohne

Worte zu wissen, was er dachte und fühlte. Eins zu werden und zu bleiben, egal, was passieren würde.

Natürlich hing ich an der Vorstellung, dass meine Kinder in einer »intakten« Familie aufwachsen sollten, aber mehr und mehr löste ich mich von dem Glauben, dass ihnen etwas genommen wurde. Ich konnte sehen, wie gern sie die neue Partnerin meines Mannes mochten und wie natürlich sie damit umgingen, dass sie ein Teil unserer Familie wurde (was sie wahrscheinlich auch einfach schon war). Es zeigte mir mal wieder, dass wir nur Marionetten unserer Umgebung sind, die durch beschränkende Glaubenssätze und das kollektive Bewusstsein geprägt sind. Wir passen uns an, um dazuzugehören. Wie oft musste ich mich dafür rechtfertigen, dass ich mit der neuen Freundin meines Mannes befreundet war und nicht beschlossen hatte, sie zu hassen und für immer zu verdammen! Ich wählte, meine Wahrheit zu leben und gemäß Pippi Langstrumpf mir meine Welt so zu gestalten, wie sie mir gefällt. Ich gab die Entscheidung ans Universum und begab mich in das bedingungslose Vertrauen, dass alles so kommen würde, wie es für uns gut war.

Was soll ich sagen? Nur ein paar Wochen später hatte ich eine wirklich magische Begegnung. Ich kannte »Mr. X« flüchtig, weil unsere Kinder den gleichen Kindergarten besucht hatten. Wir trafen uns »zufällig« auf einem Zebrastreifen, und er sprach mich an, weil er das Freunde-Buch meines Sohnes gefunden hatte, nach über drei Jahren. Wir schauten uns gefühlt eine Ewigkeit in die Augen, natürlich waren es nur ein paar Sekunden. Seine Augen waren mir so vertraut und so voller Liebe und Geborgenheit. Nachdem wir uns Monate überhaupt nicht begegnet waren, liefen wir uns am nächsten Tag wieder über den Weg und am darauffolgenden auch.

Ich dankte dem Universum. Ich hatte verstanden. Ich wusste nur nicht, wie wir es schaffen würden, in Kontakt zu kommen, aber ich war mir sicher, dass alles seinen Lauf nehmen würde, und natürlich gab es ein paar Helfer. Er bekam den Tipp, mir über Instagram zu schreiben, und so nahmen die Dinge ihren Lauf. Vom ersten Tag an war er mir so vertraut, als würden wir uns schon immer kennen. Wir schrieben uns ab diesem Tag täglich. Ich war im Urlaub mit meinen Kindern, und es war, als wäre er immer dabei, ein mir eigentlich völlig fremder Mann.

Auch unser erstes Treffen verlief magisch und völlig einzigartig, unglaublich harmonisch. Wenn wir zusammen waren, blieb die Zeit stehen, und es gab nur noch uns. Ich weiß noch, wie ich nach drei Tagen unter dem Sternenhimmel saß und mir auszureden versuchte, dass ich diesen Mann liebte, wie ich noch nie jemanden geliebt hatte. Irgendwann akzeptierte ich es einfach.

Das Ganze ist jetzt fast ein Jahr her, und ich habe das Gefühl, unsere Liebe wird jeden Tag ein Stück größer. Wenn wir zusammen sind, verschmelzen wir zu einem Ganzen. Ich muss mich nie erklären, ich weiß, dass er meine Stärken und meine Schwächen liebt und dass ich zu hundert Prozent so sein darf, wie ich bin. Unsere Liebe übertrifft alles, was ich mir je hätte vorstellen können. Es gab nie einen einzigen Zweifel daran, dass wir nicht füreinander bestimmt waren.

Wie oft bin ich morgens aufgewacht und war mir so sicher, dass alles nur ein Traum sein konnte. Wie oft bin ich zur Arbeit gefahren und musste die Hälfte der Zeit weinen vor Glück, weil es sich so unglaublich anfühlte. Natürlich spiegeln wir uns Dinge, die wir noch nicht angenommen oder bearbeitet haben, aber nie auf eine verletzende Art, so wie ich das aus meiner Ehe kannte. Wir heilen aneinander, und ich glaube, man sieht, wie verbunden wir einander sind. Es vergeht wirklich kein Tag, an dem ich nicht von tiefstem Herzen dankbar bin für das, was wir haben.

Marcus' und Idas Geschichte

Marcus und Ida sind Dualseelen aus Schweden, die heute in einer wundervollen Liebesbeziehung leben. Zuerst wirst du Marcus', danach Idas Version der Geschichte lesen.

Marcus

Alles begann mit dem Treffen in Olearys, einem Nachtclub in Luleå. Ich wollte mir dort den Künstler Fricky ansehen. Einen Künstler, den ich ironischerweise eine Weile vor dem Treffen hörte, und vor allem sein Lied »Kär«, was im Schwedischen »verliebt« heißt.

Ich habe jedes Mal, wenn ich mir den Song anhöre, viel von der einen Liebe geträumt, und die Tatsache, dass ich sie auf einem seiner Konzerte getroffen habe, ist sehr bemerkenswert.

Als wir uns kennenlernten, war es, als würden wir uns schon mitten in einem Gespräch befinden, so vertraut waren wir uns sofort. Wir unterhielten uns eine Weile, und sie erinnerte mich an etwas, das mir seit langer Zeit fehlte.

Wir unterhielten uns eine ganze Weile, bis sie weiter musste. Wir tauschten noch schnell unsere Nummern aus, und dann war sie auch schon wieder weg. Ich weiß nicht, wo sie hingegangen ist. Das Einzige, was ich wusste, war, dass ich sie wiedersehen wollte.

Das Nächste, was ich tat, war, in die erste Reihe zu gehen und zu jedem Song, besonders zu »Kär«, zu tanzen. Die ganze Zeit musste ich an sie und unser Gespräch denken. Es war magisch, als könnte ich fliegen.

Einige Tage später schrieb ich ihr eine Nachricht. Sie antwortete prompt, und wir schrieben uns lange Nachrichten hin und her. Auf einmal hörte sie auf, mir zu antworten, und ich dachte zuerst, sie hätte das Interesse verloren.

Zwei Monate vergingen, in denen sie sich nicht meldete. Doch ich konnte mir beim besten Willen nicht vorstellen, dass sie mich vergessen hatte. Ich hatte das Gefühl, ihr noch einmal schreiben zu sollen, und als sie zum Glück geantwortet hatte, gingen wir endlich zu unserem ersten Date.

Meine Gefühle für sie waren sehr schnell entflammt und das erschreckte mich.

Ich erinnere mich, dass wir in einer Nacht nach unserem vierten Date im Auto gesessen haben und ich ihr erzählte, wie es mir ergangen ist. Sie solle keine Panik kriegen, aber meine Gefühle für sie seien sehr stark. Sie hörte mir zu und zeigte auf einen digitalen Bildschirm auf der anderen Straßenseite, auf dem sich ein positives Zeichen befand, welches einen Sonnengott symbolisiert und in ihrer Interpretation für ein Ja steht.

Ich hatte das Gefühl, ihr immer nah sein zu wollen. Es fühlte sich anders an als alles, was ich je erlebt hatte. Manchmal war es, als wollte sie mich nicht sehen oder mit mir zusammen sein, und ein andermal wieder fühlte es sich wirklich so an, als würde sie mich so sehr lieben, wie ich sie liebe. Es war eine herausfordernde Zeit für mich, in der ich versuchte, in meiner Liebe zu sein und ihr zu zeigen, wie ich mich fühle, obwohl ich mich hinter meinen Ängsten verstecken wollte. Denn ich hatte Angst, in den Zeiten, die herausfordernder sein würden, verletzt zu werden.

Ich dachte mir oft, dass, falls sie doch nicht mit mir zusammen sein wollte, ich mich trotzdem für sie freuen würde, weil ich immer das Beste für sie will und das, was sie am glücklichsten macht.

Heute leben wir als große Familie mit drei wunderschönen Kindern zusammen. Im Guten wie im Schlechten lernen wir viel voneinander. Wir sind sehr offen und kommunizieren auf sehr gesunde und humorvolle Weise, solange wir unser Ego und unsere Ängste beiseitelegen können.

Wir heben uns wirklich hoch und pushen uns gegenseitig. Es fühlt sich an, als gäbe es nichts, was wir nicht zusammen meistern könnten.

Ida

Das Treffen. Wir trafen uns in einem Meer von Menschen. Es gab keine »Einführung«, sondern wir tauchten sofort in einem natürlichen Fluss in die Energien des jeweils anderen ein. Es war so vertraut, dass ich im Scherz zu ihm sagte, er könne in meinem Video mitspielen, denn wenn das Leben ein Film wäre, wäre er mein Hauptdarsteller. Mein Gefühl dabei war so intensiv! Ich erkannte sogar sein Gesicht, doch ich hatte ihn noch nie zuvor gesehen. Es war ein sehr merkwürdiges Gefühl, aber auch eine sehr fesselnde, fast magnetische Stimmung.

Mein ganzes Leben lang habe ich nach etwas gesucht, nach etwas anderem, nach etwas Besonderem. So was. Heute verstehe ich es. Ich habe versucht, es in mir und in der Spiritualität zu finden, und ich war erfolgreich – ich fand es: bedingungslose Liebe, jetzt stärker als je zuvor. Auf die nächste Stufe gehoben. Das Gefühl sagt mir alles, es ist meine Führung, die mich zur Quelle führt. Wenn ich gedanklich in die Zeit zurückkreise, in der wir uns gerade getroffen haben, spüre ich die sofort entflammte Leidenschaft in meinem Herzen, die unglaublich mächtig ist.

Kämpfe. Diese Art von starker, kraftvoller Liebe zu empfangen war für mich sehr neu. Und ich weiß tief in meinem Herzen, dass dies wahre Liebe ist. Alles andere, was ich je erlebt habe, ist für mich nur ein Scherz im Vergleich mit dem, für das ich mich jetzt wirklich entschieden habe. Mir wurde klar, dass das, was ich für Liebe hielt, bis dahin nur darin bestand, mein Karma auszugleichen und mich auf diese wahre Liebe vorzubereiten. Wenn Sie sich wirklich um den Kern kümmern und das Ego beiseitelassen, auch wenn es nicht einfach ist. Das Ego kommt oft mit Meinungen auf und ich muss mich aus diesem Labyrinth aus angstbasiertem Dunst befreien. Und ich bin erstaunt, wie sich mein Leben entwickelt hat. Es dauerte eine Menge unerwarteter Wendungen für mich. Ich bin schwanger geworden, kurz bevor wir uns trafen. Und es war wirklich schwer, einen Mann in unser Leben zu lassen, wegen all meiner früheren Lebenserfahrungen mit Männern vor Marcus. Manchmal kämpfe ich immer noch mit Vertrauen, aber was ist das Leben ohne Herausforderung? Sich immer für die Liebe zu entscheiden, die Angst zu spüren und es trotzdem zu tun.

Unser heutiges Leben. Heute bringt mir mein Kleines-Mädchen-Karma mehr über die Tiefen der bedingungslosen Liebe bei. Ich und Marcus sind ein totales Kraftpaar, und wir helfen uns gegenseitig, wenn wir es brauchen. Wir haben eine sehr offene und ehrliche Kommunikation, auch telepathisch. Wir sind frei, aber nicht perfekt. Unsere Heilung geschieht tiefer und gemeinsam. Alles ist für uns möglich und wir manifestieren uns in unseren Wünschen auch sehr schnell in physischer Form. Wir leben zusammen mit drei Kindern: Karma, Nicolas und Melinda. Wir sind sehr verliebt. Ich stimme mehr als jemals mit der Seelenmission dieses Lebens überein. Ich bin gefestigter als je zuvor und für alles auf dieser Dualseelen-Reise sehr dankbar.

Michaels Geschichte

Mein Name ist Michael, ich war ein 37-jähriger Junggeselle und lebte in New York, als ich Tamara traf. Bis zu dieser Zeit hatte ich nie ein Problem mit Frauen gehabt. Es war immer leicht für mich gewesen, eine Frau zu bekommen und zu behalten. Nun, ich sage dir das nicht, um mein Ego zu streicheln. Ich sage es dir, um den Kontrast in meinem Leben zu zeigen, bevor und nachdem ich meine Dualseele getroffen hatte.

In der Vergangenheit hatte ich immer die Kontrolle – ich liebte die Frauen ein bisschen weniger, als sie mich liebten. Dies war nicht unbedingt beabsichtigt. So war es einfach. Und ich war kein kaltherziger, harter Kerl. Ich habe mich wirklich um diese Frauen gekümmert und sie mit größtmöglichem Respekt behandelt. Ich sah mit keiner von ihnen eine langfristige Zukunft und konnte nicht verstehen, warum. Tief im Inneren hatte ich immer das Gefühl, dass ich eines Tages diese erstaunliche Beziehung zu einer Frau haben würde – meiner Seelenverwandten. Tief im Inneren wusste ich, dass ich ein Romantiker war, der nur darauf wartete, dass »die Eine« in mein Leben trat.

Ich hatte den Begriff »Dualseelen« noch nie gehört, ehe ich Tamara kennenlernte. Alles begann mit meinem besten Freund Patrick – ich habe Patrick 2014 kennengelernt (drei Jahre bevor ich meine Dualseele getroffen hatte). Ich bin ein Performer, und ich spiele und singe, um meinen Lebensunterhalt zu verdienen. Ich kannte ihn nicht, als er anrief und mich bat, für ein bevorstehendes Originalstück vorzuspielen, das er geschrieben hatte. Ich sprach vor, bekam die Rolle, und während des Arbeitsprozesses verstanden wir uns so gut, dass wir die besten Freunde wurden. Ich bot an, seinen Kindern das Klavierspielen beizubringen.

Im Jahr 2015 wurde ich zu einer Familiengeburtstagsfeier eingeladen, und das war das erste Mal, dass ich Tamara persönlich sah. Patrick bat mich, auf der Party ein paar Lieder zu singen, und Tamara bemerkte mich sofort. Habe ich erwähnt, dass sie seine Nichte ist? Seitdem, so sagte sie mir später, liebte sie meine Stimme und war neugierig auf mich. Aber ich war mit meiner damaligen Freundin schon fünf Jahren zusammen, und Tamara war bereits verheiratet und hatte zwei Kinder.

Im Jahr 2017 kam alles zusammen. Ich machte ein weiteres New Yorker Originalstück, das Patrick geschrieben hatte, und nur wenige Wochen vor der Vorstellung musste die Hauptdarstellerin, die meine Frau spielte, aus persönlichen Gründen aussteigen. Patrick sagte, die Einzige, der er zutraue, diese Rolle spielen zu können, sei seine Nichte Tamara. Ich erinnere mich besonders daran, dass er mir erzählte, wie großartig sie als Schauspielerin war. Er sagte mir, dass er, obwohl er sie für eine großartige Besetzung hielt, auch wisse, dass er voreingenommen sein könnte, und bat mich, ehrlich zu sein und es ihm zu sagen, wenn ich nicht das Gefühl hätte, dass die Chemie zwischen uns stimme. Diese Sorge war zwar verständlich, aber aus heutiger Sicht völlig lächerlich. Chemie? Wir haben die Chemie neu definiert.

Sobald sie den Castingraum betreten hatte, spürte ich eine solche Wärme von ihr ausgehen, wie ich sie nicht mit Worten beschreiben kann. Es war, als hätte ich sie schon immer gekannt. Bei ihr fühlte ich mich wie zu Hause. Schon nach der ersten Probe war klar, dass die Chemie zwischen uns beiden gut sein würde.

Obwohl wir uns sehr mochten, blieb mir immer bewusst, dass sie verheiratet war. Dank ihres schauspielerischen Talents konnte ich mir gut vorstellen, dass wir perfekt ein verheiratetes Paar darstellen könnten. Ich wollte mir aber nicht erlauben, abseits der Bühne Gefühle für sie zu entwickeln. Ich mochte keiner verheirateten Frau nachstellen. Das war nicht der Typ Mann, der ich war oder sein wollte. Ich muss auch darauf hinweisen, dass sie nicht der Typ Frau war, die außerhalb ihrer Ehe ernsthaft jemanden datet. Sie war in einer sehr religiösen katholischen Familie erzogen worden und treu.

Gegen Ende des Stücks konnte ich jedoch nicht leugnen, dass etwas mit uns geschehen war. Ich hatte eine neue Freundin, mit der ich nach der Aufführung verabredet war; und als ich sie küsste, fühlte ich mich, als würde ich Tamara betrügen. Ich sollte erwähnen, dass Tamara und ich uns nie geküsst hatten, obwohl wir einige intime Szenen im Stück darstellten. Ich fand es auf jeden Fall merkwürdig, dass ich das Gefühl hatte, sie zu hintergehen.

Nachdem das Stück abgesetzt war, wurden die folgenden ersten Tage ziemlich emotional für mich. Ich verlor einen lieben Onkel, der mir sehr nahe stand, und verletzte mich am Rücken, was mich ans Bett fesselte. Tamara kam und half mir, wieder gesund zu werden. Zu diesem Zeitpunkt begannen wir unsere Beziehung. Es war uns irgendwie klar gewesen, dass wir unsere Kommunikation nicht würden abbrechen können. Wir telefonierten bis zu drei Stunden am Tag. Wie wir das zeitlich geschafft haben, wundert mich immer noch, denn sie hatte tagsüber einen sehr anstrengenden Job und war als Mutter und Ehefrau stark involviert!

Das war eine unglaubliche Zeit. Nie zuvor in meinem Leben war ich glücklicher gewesen. Ich hatte das Gefühl, wir schwangen auf der gleichen Frequenz. Sie war die Liebe meines Lebens und es gab kein Zurück mehr. Ich wollte und konnte es nicht beenden, auch wenn ich es versucht hätte.

Nachdem ich Patrick ein paar Monate lang aus dem Weg gegangen war, zeigte er sich besorgt und glaubte, ich sei »sauer«

auf ihn. Ich schaffte es nicht mehr, die Fassade aufrechtzuhalten, und sagte ihm, ich sei bis über beide Ohren in seine Nichte verliebt. Ich fürchtete schon, dass er mir die Freundschaft kündigen würde. Das tat er aber nicht. Er sprach allerdings mit seiner Nichte, die ihm bestätigte, dass meine Gefühle nicht einseitig und kein Hirngespinst waren. Sie war auch in mich verliebt.

Im März 2018 erfuhr es auch ihr Mann. Er erzählte ihren Eltern von unserer Beziehung. Wir trafen uns dennoch weiterhin heimlich und führten lange Telefongespräche. Wir konnten es also einfach nicht wirklich beenden. Ich sagte ihr schließlich, sie müsse eine Entscheidung treffen. Sie bestätigte mir, dass alle Wege zu mir führten und sie sich scheiden lassen wolle.

Wir nahmen einen Anwalt und sie trennte sich »auf Probe« von ihrem Mann. Es sah zunächst auch alles gut aus. Doch bald änderte sie ihre Meinung, nachdem sie ihre Eltern hart herangenommen hatten und ihr Mann gedroht hatte, bei einer endgültigen Trennung die Kinder mitzunehmen. Aus Angst, ihre Kinder, die Zuneigung der Eltern und die Zustimmung der religiösen Gemeinde zu verlieren, entschied sie sich dann doch, bei ihm zu bleiben.

Für uns war es der Beginn der Trennungsphase. Das war der Beginn eines neuen Kapitels, des schwierigsten Teils von allen. Wir waren todunglücklich. Ich war noch nie in meinem Leben so depressiv. Ich fühlte mich, als wäre ich die letzten sieben Monate im Himmel gewesen und wäre dann von dort weggerissen und auf die Erde zurückgeworfen worden, ohne Aussicht darauf, je wieder zurück in jene himmlischen Sphären gelangen zu können.

Patrick zeigte sich zu dieser Zeit als wahrhafter Freund. Er war als Einziger in der Lage, uns beide auf unserer Reise zu sehen. Er sagte mir, er habe noch nie eine solche Liebe zwischen zwei Menschen kennengelernt und es täte ihm weh, uns beide so unglücklich zu sehen.

Es ging mir immer ein paar Tage gut, doch dann wurde ich jedes Mal wie aus heiterem Himmel von schwerster Traurigkeit überwältigt, und ich wusste nie, warum. Aber weil Tamara und ich mit ihm kommunizierten, wurde uns klar, dass wir genau die gleichen Gefühle zur gleichen Zeit hatten. Es waren Synchronizitäten.

Dies veranlasste mich, Nachforschungen anzustellen, und ich stieß schließlich auf das Phänomen der Dualseelen. Dann wurde es für mich ein bisschen besser. Ich konnte dem, was ich durchmachte, zumindest einen Namen geben.

Mir ist mittlerweile klar, dass das Ganze mein spirituelles Erwachen war. Und wenn man einmal wach ist, kann man nicht mehr schlafen – ich würde es auch gar nicht wollen.

Ich fand Julians Podcast und dann seinen YouTube-Kanal. Ich wusste intuitiv, dass er mein Mentor sein würde.

Während des gesamten Jahres 2018 arbeitete ich trotz all der Schmerzen und Sehnsüchte nach Tamara an mir selbst. Ich habe meine neue Berufung im Leben gefunden, und obwohl ich von ihr getrennt bin, bin ich nicht allein. Ich fühle mich mehr denn je mit ihr verbunden. Es ist jedoch nicht so schwer. Ja, ich liebe sie immer noch und vermisse sie. Ich werde es immer tun. Aber es ist in Ordnung, dass wir in diesem Leben nicht zusammenkommen. Ich habe mit der Idee Frieden geschlossen.

Heute bin ich 39 Jahre alt und habe meine eigene Freude und Mission im Leben gefunden. Außerdem habe ich eine neue Frau. Ja, ich bin wieder verliebt in eine Seelenverwandte. Das Schicksal hat sie mir geschickt. Sie war sehr geduldig mit mir. Ich liebe sie und habe ein gutes Gefühl für unsere Zukunft.

Die Ho'oponopono-Transformationstechnik

Meinen Glückwunsch! Du hast im Verlauf des Buches tolle Arbeit geleistet und dir fleißig Emotionen und Glaubenssätze ins Buch geschrieben. Diese Tatsache allein ist schon Gold wert, denn du bist dir über vieles bewusster geworden, was ja bekanntlich der erste Schritt zur Veränderung ist. Lass uns nun zusammen den entscheidenden nächsten Schritt gehen: Transformation! Mach dich bereit, und freu dich, denn du wirst in kurzer Zeit viele Themen lösen können!

Als ich damals verstand, welche Tragweite meine eigene Begegnung mit meiner Dualseele hatte, änderte sich alles für mich! Nach wie vor finde ich es spektakulär, wie die Begegnung mit solch einem Menschen derart viel bewegen kann. Als ich mich entschloss, andere auf diesem Weg zu begleiten, lernte ich auch einen neuen Teil meiner selbst kennen. Auf einmal drehte sich mein Leben nicht mehr nur um mich. Ich empfand eine starke Empathie und den inneren Drang, mein Bestes zu geben, so vielen wie möglich zu helfen, damit sie diesen Weg würden meistern können.

Eine meiner ersten tiefen Erkenntnisse war, dass dies ein Weg ist, der vor allem Handlung verlangt. Auf die Gefahr hin, dass ich nicht mehr gemocht werden würde, wurde ich in meinen Beiträgen und Videos immer deutlicher. Ich forderte die Menschen, die meine Arbeit verfolgten, immer mehr dazu auf, die volle Verantwortung für ihren Weg zu übernehmen und in den Spiegel zu sehen. Ich begann, ihnen nicht mehr nur über die Theorie dieser speziellen Liebeskonstellation zu berichten, sondern fokussierte mich immer mehr auf den praktischen Teil. Mit welchen Techniken kann ich den Betroffenen am besten helfen, ihre Themen schnell und in der Tiefe zu transformieren? Geradezu besessen von diesem Gedankengang, tüftelte ich über eine lange Zeit an Methoden herum, die die Leute wirklich auch ans Ziel bringen würden. Mir war dabei immer wichtig, dass es für die Menschen einfach umzusetzen ist und dennoch in der Tiefe wirkt. Das Ergebnis dieser Recherchen hat mich einige wenige Techniken finden lassen, die meinem Anspruch an Transformation und Entwicklung entsprachen.

Eine von ihnen ist die Ho'oponopono-Transformationstechnik. Es handelt sich um ein traditionelles hawaiianisches Vergebungs- und Transformationsritual. Die kausative (veranlassende) Vorsilbe Ho'o impliziert die Bedeutung »etwas tun, eine Handlung in Gang setzen« und pono hat die Grundbedeutung »richtig« oder »Richtigkeit«. Die Verdopplung ponopono deutet auf eine intensive Ausführung des Ganzen hin. Der Gesamtbegriff lässt sich etwa mit »in Ordnung bringen« übersetzen.

Die Technik ist kinderleicht anzuwenden und geht dennoch sehr in die Tiefe. Ein perfektes Werkzeug für den Alltag!

Es besteht aus vier Transformationssätzen, die man wie ein Mantra wiederholt ausspricht, bis ein Thema gelöst ist. Man kann es wunderbar auf jedes Lebensthema anwenden.

Diese Wundertechnik wurde in den USA bekannt, nachdem ein amerikanischer Psychologe einen spektakulären Versuch durchgeführt hatte. Er war schon so gut wie im Ruhestand, und einer seiner Freunde fragte ihn, ob er im örtlichen Gefängnis aushelfen könne. Die dortige Abteilung für psychisch kranke Gefangene war überlastet und der Freund brauchte dringend Unterstützung. Der Psychologe sagte: »Ich werde dir helfen, aber ich tue es auf meine Weise.« Er machte sich an die Arbeit. Er ließ sich von den Gefangenen dieser Abteilung lediglich Bilder geben und wandte die Ho'oponopono-Technik auf die Bilder an, ohne jemals direkt mit den Abgebildeten in Kontakt zu treten. Das Ergebnis war verblüffend! Neunzig Prozent der Gefangenen dieser Abteilung konnten nach vier Monaten entlassen werden. Doch wie war das möglich?

Ho'oponopono geht davon aus, dass alles mit allem verbunden ist. Alles, was uns in unserer Außenwelt begegnet, hat eine Entsprechung zu unserer eigenen Innenwelt. Wenn Ho'oponopono angewandt wird, übernehmen wir automatisch die Verantwortung für alles, was uns in der Außenwelt passiert, und können es transformieren. Wahre Wunder sind dann möglich!

Das Feedback, das ich von Klienten und Seminarteilnehmern bekam, die diese Technik anwendeten, war äußerst spektakulär. Bei manchen hat sich die Situation auf ihrer Arbeitsstelle plötzlich merklich verbessert, und bei anderen haben sogar Kollegen, mit denen sie nicht klarkamen, die Abteilung gewechselt. Bei wieder anderen lösten sich über Jahre aufgebaute Familienkonflikte wie durch Zauberhand in Luft auf. Und ja, einige konnten durch die Anwendung dieser Technik auch verzwickte Konflikte mit ihrer Dualseele lösen. Du solltest dieser kraftvollen Technik also unbedingt eine Chance geben und sie ausprobieren.

Die Anwendung

Wie schon erwähnt wurde, besteht die Technik aus vier Transformationssätzen, die man wie ein Mantra immer wieder ausspricht, bis ein Thema gelöst ist. Die vier Sätze lauten:

1. Es tut mir leid.
2. Bitte verzeih mir.
3. Ich liebe dich.
4. Danke für die Transformation.

Diese Sätze kannst du nun auf jedes belastende Gefühl, jeden Glaubenssatz oder jedes Problem, das du mit anderen Menschen hast, anwenden. Wenn du zum Beispiel Angst hast, verlassen zu werden, würde die Sequenz lauten:

1. Es tut mir leid, dass ich Angst habe, verlassen zu werden.
2. Ich verzeihe mir.
3. Ich liebe mich.
4. Danke für die Transformation.

Da es in diesem Beispiel um dich geht, sprichst du die Sätze in der Ichform. Diese Sätze würdest du nun langsam mehrfach wiederholen, während du dich innerlich in das Gefühl hineinversetzt. Je nachdem, wie stark die Angst ist, wird sie erfahrungsgemäß auf diese Weise in zwei bis zehn Minuten gelöst sein. Folgende Indizien sprechen dafür, dass ein Thema transformiert wurde:

- Du atmest tief durch.
- Du vergisst den Behandlungssatz oder hast nicht mehr das Bedürfnis, ihn auszusprechen.
- Du spürst Frieden in dir.

Wenn du zum Beispiel den Glaubenssatz transformieren möchtest, »wertlos« zu sein, so könnten die Ho'oponopono-Sätze lauten:

1. Es tut mir leid, dass ich glaube, wertlos zu sein.
2. Ich verzeihe mir.
3. Ich liebe mich.
4. Danke für die Transformation.

Wenn du ein Problem mit einem anderen Menschen transformieren möchtest, zum Beispiel den Hass, den du auf deinen Chef empfindest, könnten die Ho'oponopono-Sätze lauten:

1. Es tut mir leid, dass ich dich hasse.
2. Bitte verzeih mir.
3. Ich liebe dich.
4. Danke für die Transformation.

Probier es aus, integriere diese Technik in deinen Alltag, und du wirst dich wundern, wie weit sie dich bringt. Tauch jetzt gleich in die Magie dieser Technik ein, und transformiere nach und nach alle Themen, die du bisher im Verlauf des Buches gefunden hast. Nimm dir dazu ruhig ein paar Tage Zeit.

Häufige Gefühle und Glaubenssätze

Den Dualseelen-Weg zu kennen ist eine Sache. Ihn auch zu gehen ist die andere. Du hast mit der Ho'oponopono-Technik jetzt ein äußerst mächtiges Werkzeug an der Hand, um fast schon spielerisch jegliches Lebensthema in der Tiefe zu transformieren. Im Folgenden siehst du eine Liste der wichtigen Lebensbereiche und typischen Emotionen und Glaubenssätze, die meine Klienten (überwiegend Herzmenschen) am häufigsten quälten. Nutz die Chance und transformiere nach und jedes Thema, mit dem du in Resonanz gehst:

Eltern

Ich bin für euch verantwortlich.

- Ich fühle mich schuldig, wenn ich euch allein lasse.
- Ich habe Angst, euch zu verlieren und allein dazustehen.
- Ich habe Mitleid mit euch.
- Wenn ich in meine Größe gehe, lasse ich euch zurück.
- Ich hasse euch dafür, was ihr mir angetan habt.
- Ich brauche eure Liebe und Aufmerksamkeit.
- Ich bin traurig, dass ihr mich nicht seht.

- Ich glaube, dass ich so enden werde wie ihr.
- Ich darf nicht glücklich sein, weil ihr es nicht seid.

> **Meine Gefühle und Glaubenssätze zum Thema »Eltern«**
>
> Schreib dir die Sätze auf, in denen du dich wiedergefunden hast:
>
> _____
>
> _____
>
> _____
>
> _____
>
> _____

Beruf

Ich kann das nicht schaffen.

- Ich bin nicht gut genug.
- Ich habe Angst, einen neuen Weg zu gehen.
- Ich habe Angst, zu scheitern.
- Alle anderen sind besser als ich.
- Ich glaube nicht, dass ich Geld mit dem verdienen kann, was mir Spaß macht.
- Ich habe Angst, mich zu entscheiden.

- Wenn ich meine Preise erhöhe, bleiben meine Kunden weg.
- Meine Leistung ist nichts wert.
- Wenn ich meine Meinung sage, werde ich gefeuert.

Meine Gefühle und Glaubenssätze zum Thema »Beruf«

Schreib dir die Sätze auf, in denen du dich wiedergefunden hast:

_____

_____

_____

_____

_____

Meine Dualseele

Ich habe Angst, dich zu verlieren.

- Ich habe Angst, dich nie wiederzusehen.
- Ich bin nicht gut genug für dich.
- Am Ende werde ich ohnehin wieder verlassen.
- Ich verliere meine Freiheit, wenn ich mich auf dich einlasse.
- Ich habe Angst, verletzt zu werden.

- Ich muss mich selbst aufgeben, um geliebt zu werden.
- Wenn ich Nein sage, werde ich verlassen.
- Ich muss immer verfügbar sein.
- Ich bin traurig, dass du mich verlassen hast.
- Ich bin eifersüchtig.

Meine Gefühle und Glaubenssätze zum Thema »Meine Dualseele«

Schreib dir die Sätze auf, in denen du dich wiedergefunden hast:

_____

_____

_____

_____

Die eigene Person

Ich bin wertlos.

- So, wie ich bin, bin ich nicht liebenswert.
- Ich bin nicht attraktiv genug.
- Ich habe Angst vor mir selbst.
- Ich habe Angst, abgelehnt zu werden.

- Ich bin traurig, dass niemand mich sieht.
- Ich darf nicht ich selbst sein.
- Ich darf nicht wütend sein.
- Ich habe es nicht verdient, geliebt zu werden.
- Ich habe keinen Platz im Leben.

Meine Gefühle und Glaubenssätze zum Thema »Die eigene Person«

Schreib dir die Sätze auf, in denen du dich wiedergefunden hast:

_____

_____

_____

_____

Finanzen

Geld ist schlecht.

- Ich habe Existenzangst.
- Ich habe es nicht verdient, in Fülle zu leben.
- Das Geld zerrinnt mir zwischen den Fingern.
- Ich bin neidisch auf andere, die mehr haben als ich.

- Geld und Spiritualität lassen sich nicht vereinen.
- Wenn ich Geld habe, wenden sich alle von mir ab.
- Geld verdirbt den Charakter.
- Wenn ich etwas habe, wird es mir eh wieder genommen.
- Ich darf mir nichts gönnen.

Meine Gefühle und Glaubenssätze zum Thema »Finanzen«

Schreib dir die Sätze auf, in denen du dich wiedergefunden hast:

_____

_____

_____

_____

Der Rhythmus deiner Entwicklung

Dieses Buch ist darauf ausgelegt, dir vor allem umsetzbares Wissen zu vermitteln. Mir ist ganz wichtig, dass ich Menschen dazu animiere, nicht nur über den Weg Bescheid zu wissen, sondern ihn auch zu gehen! Was ich beobachte und sehr schön finde, ist, dass Herzmenschen traditionell bereit sind, zu reflektieren und sich zu entwickeln. Sie machen sich auf den Weg und arbeiten fleißig an sich, um schließlich eine harmonische Beziehung leben zu können, ohne die schmerzhaften Spiegel immer wieder präsentiert zu bekommen. Sie sind so gut darin, dass sie dazu neigen, es gern einmal zu übertreiben. Sie vergessen ihr Leben in der Gegenwart und widmen sich permanent ihren Schattenseiten und ihrem Wachstum. Diese Vorgehensweise ist jedoch nicht gesund, denn der richtige Rhythmus fehlt. Ich schlage dir einen Rhythmus vor, der aus drei Elementen besteht:

- Reflektieren und transformieren: Es ist löblich und gut, wenn du dich deinen Schattenseiten widmest und an dir arbeitest. Sei fleißig und ergründe deine Themen. Nur übertreib es bitte nicht! Wenn du dich Tag und Nacht damit auseinandersetzt, verneinst du dein jetziges Leben. Ich rate dir, täglich nicht mehr als zwei Stunden deiner Entwicklung zu widmen.

Innere Arbeit ist anstrengend und braucht Zeit, damit sich deine Fortschritte in dich integrieren können. Auch ich habe anfangs diesen Fehler gemacht und mich förmlich zu Hause eingeschlossen, um weiterzukommen. Ich war sehr verbissen. Ein inzwischen guter Freund, den ich damals gerade kennengelernt hatte, versuchte immer wieder, mich aus meinen vier Wänden zu locken. Er lud mich zu einem Abend mit Freunden ein, zum Essen, ins Kino. Ich sagte immer ab. Nach der zwanzigsten Abfuhr kam ich mir schlecht vor und begann, auch mal Ja zu sagen.

Zuerst spürte ich einen inneren Widerstand, doch dann merkte ich, wie gut es mir tat, auch mal zu leben. Auch meine Entwicklung ging durch diese Pausen plötzlich viel schneller. Ich bin diesem Freund sehr dankbar, denn er hat mich ins Leben geholt.

Und hier kommt das zweite Element deines Rhythmus der Entwicklung ins Spiel.

- Einfach nur leben! Einfach dein Leben zu genießen und deine Ziele zu verfolgen sollte die meiste Zeit deines Tages füllen. Viele verstehen zu Beginn nicht, dass es auf dem Dualseelen-Weg auch eine große Aufgabe ist, zu lernen, das Leben zu lieben, obwohl man gerade allein ist und keine wundervolle Beziehung lebt. Bist du dahin gehend nicht im Mangel, sondern schätzt du deine Gegenwart, sendest du automatisch ein positives Signal ans Universum. Geh deswegen mal wieder öfter aus! Stürz dich ins Leben! Nach dem für dich perfekten göttlichen Timing wird der passende Partner schon zur rechten Zeit (wieder) zu dir finden. Wieso nicht auch schon jetzt das Beste aus deinem Leben machen und es in vollen Zügen genießen?

- Die Vision deiner perfekten Zukunft: Ein weiteres Element des perfekten Rhythmus deiner Entwicklung ist deine Vision. Ich rate dir, dass du dir am Tag zweimal zwanzig Minuten Zeit nimmst, um dir deine perfekte Zukunft vorzustellen. Du wirst diese dann mehr und mehr schon in der Gegenwart verkörpern. Wichtig ist, dass du, nachdem du in diesen kraftvollen Zustand gegangen bist, ihn auch immer wieder loslässt und ins Hier und Jetzt zurückkehrst.

Dein neues Leben

Wann warst du eigentlich das letzte Mal stolz auf dich? Hast du überhaupt eine Ahnung, wie heldenhaft du bist? Du befindest dich auf dem wohl anspruchsvollsten Seelenweg, den ein Mensch hier auf Erden gehen kann. Vergiss das nie! Allein die Tatsache, dass du mit der Lektüre dieses Buches die Herausforderung angenommen hast und nun im Begriff bist, dich deinen Themen zu stellen, ist unglaublich groß! Und jetzt mach dich auf den Weg. Dein Trainingslager wartet. Ja, du wirst hinfallen. Du wirst manchmal das Gefühl haben, wieder am Anfang zu sein, aber das ist nicht so! Du wächst weiter und weiter. Du wirst bald voller Erstaunen zurückblicken, wie weit du schon gekommen bist! Auch wenn es dir im Alltag gern mal so vorkommt: Du bist nicht allein!

Und so wirst du an einem Punkt stehen, an dem du losgelassen hast. Du wirst deine Dualseele in deinem Herzen tragen, ohne daran zu leiden. Du wirst vergeben, aber nicht vergessen haben.

Völlig erstaunt wirst du feststellen, dass du dir nun selbst die Erfüllung geben kannst, die du immer in deiner Dualseele gesucht hast. Indem du deine Vision lebst, wirst du eine tiefe Sinnhaftigkeit in deinem Leben spüren, und auch die Fülle wird dich finden.

Auch du wirst dich in einer Position wiederfinden, in der du dir selbstverständlich immer noch eine Beziehung in deinem Leben wünschst, dich jedoch auch allein so glücklich fühlen wirst wie niemals zuvor!

Blind wirst du dem göttlichen Timing vertrauen, bis dann, wenn du am wenigsten damit rechnest, schließlich der für dich passende Partner (wieder) in dein Leben tritt.

Mach dich deswegen auf den Weg! Tu's für dich, tu's für uns, tu's für die Liebe!

Alles Liebe,
dein Julian

Dank

Wenn ich sehe, wer ich heute bin, empfinde ich vor allem eins: tiefe Dankbarkeit für all diejenigen, die mich auf meiner Reise begleitet haben. Mir ist klar geworden, dass jede Situation ganz bestimmte Menschen in mein Leben brachte, die mir auf meinem Weg geholfen haben.

Zuallererst möchte ich meinen Eltern danken. Durch meine nicht immer rosige Kindheit, in der ich schon früh Verantwortung für euch übernahm, konnte ich bereits in jungen Jahren eine starke Empathie aufbauen. Heute lebt meine Arbeit von der Fähigkeit, mich in andere hineinversetzen und Menschen in schwierigen Lebenslagen helfen zu können. Nach wie vor seid ihr ein wertvoller Teil meines Lebens, da ihr immer im Hintergrund da seid und mir Kraft gebt!

Ganz besonders möchte ich mich auch bei meinen vergangenen Partnerinnen Gabriele, Sabine und Alina bedanken. Ohne euch würde ich heute nicht an diesem Punkt stehen, ich selbst zu sein und vielen Menschen auf ihrem Weg helfen zu können! Ihr habt mich gespiegelt. Durch euch habe ich all die verdrängten Anteile meiner selbst erkannt und konnte sie schließlich integrieren.

Meinen Mentoren und Freunden auf dem Weg – Susanna, Burkhard, Anja, Elena, Serap, Uli und Cresten – gilt auch ein besonderer Dank. Ihr wart stets für mich da, als ich nicht weiterwusste, habt mir zugehört und mir immer Kraft gegeben. Wo ich den Weg nicht sah, habt ihr mir geholfen, ihn wiederzufinden.

Zu guter Letzt möchte ich mich bei meiner Lebenspartnerin Anna bedanken. Danke, dass du mich so liebst, wie ich bin! Danke, dass du volles Verständnis für meine Vision hast, Menschen auf ihrem Dualseelen-Weg zu helfen, und mir immer genug Raum und Freiheit gibst, meine Berufung zu leben.

Quellen

Lise Bourbeau: *Heile die Wunden deiner Seele*, Windpferd 2007

Ulrich Emil Duprée: *Ho'oponopono: Das hawaiianische Vergebungsritual*, Schirner 2011

Ricarda Sagehorn und Cornelia Mroseck: *Dualseelen & die Liebe*, Books on Demand 2012

Dr. Chuck Spezzano: *Es muss einen besseren Weg geben – Die Grundprinzipien der Psychology of Vision*, Via Nova 2008

Kontakt: einen Gang höher schalten

Das Wissen und die Übungen, die du in diesem Buch erfahren hast, werden dich meilenweit auf deinem Dualseelen-Weg vorwärtsbringen. Doch manchmal brauchen wir Hilfe! Manchmal brauchen wir einen Mentor, der uns hilft, unsere versteckten Schattenseiten zu entdecken und zu lösen. Bekanntlich sind wir Menschen für die eigenen Themen oft etwas blind. Hier können dir mein Team und ich enorm weiterhelfen. Über die Jahre haben wir so viel Erfahrung gesammelt, dass wir mittlerweile bis ins kleinste Detail wissen, worauf es ankommt. Mit den Techniken, mit denen wir arbeiten, sind wir in der Lage, unseren Klienten effektiv bei ihrer Entwicklung zu helfen, sodass sie erfahrungsgemäß ihr Ziel schnell erreichen. Außerdem hat die Arbeit in der Gruppe einen ganz festen Bestandteil in unseren Kursen. Unterschätze nicht die Kraft der Gruppendynamik. Zu wissen, dass man nicht allein ist, und gemeinsam an einem Strang zu ziehen hat eine unheimliche Power!

Mittlerweile gehen wir mit Menschen, die bei uns Hilfe suchen, erst einmal in ein kostenloses Erstgespräch, bei dem wir ziemlich schnell herausfinden, wo sie stehen und ob wir ihnen weiterhelfen können. Wenn auch du das Verlangen spürst, noch einen Gang höher zu schalten, dann nimm gern Kontakt zu uns auf. Wir freuen uns auf dich!

Du kannst dich hier für ein Gespräch mit uns eintragen:
www.dualseelen-zeit.de/termin

Weitere Links und E-Mail-Adresse:
www.dualseelen-zeit.de

Facebook: Dualseelen-Zeit
Facebook-Gruppe: Dualseelen-Zeit. Die Liebe entschlüsselt!
Instagram: @dualseelen_zeit
YouTube: Dualseelen-Zeit
E-Mail: info@dualseelen-zeit.de

Das Dualseelen-Manifest

Mein Weg ist ein Trainingslager.

Ich mache meine Liebe frei von allem, was schmerzt, und vertraue darauf, dass alles, was zu mir gehört, (zurück) in mein Leben kommt.

Ich stehe einmal öfter auf, als ich hingefallen bin.

Ich nutze die Zeit, in der ich allein bin, um mir selbst näherzukommen und meine Berufung zu finden.

Ich weiß, dass das Leben für und nicht gegen mich arbeitet. Ich gehe mutig meinen Weg in der Gewissheit, dass es mich in eine schöne Zukunft bringt.

Ich bin nicht allein. Ich meistere diesen Weg nicht nur für mich, sondern helfe damit, den ganzen Planeten auf eine höhere Schwingung zu heben.

176 Seiten
16,99 € (D) | 17,50 € (A)
ISBN 978-3-86882-953-2

Silvia Aeschbach
Glück ist deine Entscheidung
Mein Jahr bei den Ältesten und was ich von ihnen gelernt habe

Auf den letzten Stationen im Leben sieht man vieles klarer, deshalb sind für die Journalistin Silvia Aeschbach die Ältesten unter uns spannende Gesprächspartner auf der Suche nach Antworten auf die Frage: Was ist Glück? In inspirierenden Porträts lässt sie Menschen in hohem Alter zu Wort kommen, die davon erzählen, wie man es trotz Krankheit und erschwerter Bedingungen jeden Tag aufs Neue selbst in der Hand hat, sich für ein glückliches Leben zu entscheiden. Ihre Lebenslust und Neugier zeigen, dass Glück kein Geschenk des Schicksals ist, sondern eine Entscheidung, die man selbst trifft.

384 Seiten
22,00 € (D) | 22,70 € (A)
ISBN 978-3-7474-0138-5

Dr. Sue Morter,
Juliane Molitor
Die Energie-Codes
Das 7-Schritte-Programm,
um Körper und Geist zu
heilen und zum wahren
Selbst zu finden

Mit den Energie-Codes entwickelte Dr. Sue Morter eine lebensverändernde Methode, die es unzähligen Menschen auf der ganzen Welt ermöglicht, Schmerzen, Krankheiten, Müdigkeit, Angstzustände und Depressionen zu überwinden und ihre angeborene Kreativität, Intuition und innere Kraft zu erwecken. Die Energie-Codes verbinden alte Heilpraktiken mit modernster Wissenschaft und bieten ein detailliertes 7-Schritte-Programm, das Ihnen hilft, tiefe Heilung in Ihrem Leben zu erfahren. Praktische, leicht zugängliche Übungen bestehend aus Yoga-Asanas, Atemtechniken und Meditationen unterstützen Sie dabei, nicht genutzte Energie und Neurokreisläufe im Körper zu aktivieren, verborgenes Potenzial zu stärken und eins mit dem wahren, essenziellen Selbst zu werden.

288 Seiten
16,99 € (D) | 17,50 € (A)
ISBN 978-3-86882-997-6

Shai Tubali
Entdecke deine Chakra-Persönlichkeit
Finde heraus, wer du wirklich bist und entfalte dein wahres Potenzial

Unsere Persönlichkeit ist vielschichtig und nicht immer einfach zu verstehen. Die Chakren – unsichtbare Energiezentren in unseren Körpern, durch die wir das Leben erfahren – können helfen, unser Verhalten und unsere individuellen Bedürfnisse besser zu begreifen. Je nachdem, wie stark sie ausgeprägt sind, entscheiden sie darüber, ob wir eher der geerdete Wurzelchakra-Typ, ein fürsorgender Herzchakra-Typ oder doch ein abenteuerlicher Sakralchakra-Typ sind. Shai Tubali, spiritueller Lehrer und Coach, präsentiert dafür ein einzigartiges System der sieben Chakra-Persönlichkeitstypen. Wenn wir erkennen, von welchen Chakren wir geleitet werden, können wir für unsere Karriere, unseren Lebensstil und unsere Beziehungen die richtigen Entscheidungen treffen und unser wahres Potenzial entfalten.